LA
POÉSIE PHILOSOPHIQUE ET RELIGIEUSE

CHEZ LES PERSANS

D'APRÈS

LE MANTIC UTTAÏR,

OU

LE LANGAGE DES OISEAUX

DE FARID-UDDIN ATTAR,

ET POUR SERVIR D'INTRODUCTION A CET OUVRAGE,

PAR

M. GARCIN DE TASSY,

MEMBRE DE L'INSTITUT, ETC.

QUATRIÈME ÉDITION.

A PARIS,

CHEZ BENJAMIN DUPRAT,

LIBRAIRE DE L'INSTITUT, DE LA BIBLIOTHÈQUE IMPÉRIALE, ETC.,

7, RUE DU CLOITRE SAINT-BENOIT.

1864.

LA

POÉSIE PHILOSOPHIQUE ET RELIGIEUSE

CHEZ LES PERSANS

D'APRÈS

LE MANTIC UTTAÏR,

OU

LE LANGAGE DES OISEAUX

DE FARID-UDDIN ATTAR,

ET POUR SERVIR D'INTRODUCTION A CET OUVRAGE,

PAR

M. GARCIN DE TASSY,

MEMBRE DE L'INSTITUT, ETC.

QUATRIÈME ÉDITION.

A PARIS,

CHEZ BENJAMIN DUPRAT,

LIBRAIRE DE L'INSTITUT, DE LA BIBLIOTHÈQUE IMPÉRIALE, ETC.,
7, RUE DU CLOITRE SAINT-BENOIT.

1864

LA POÉSIE PHILOSOPHIQUE ET RELIGIEUSE
CHEZ LES PERSANS
D'APRÈS
LE MANTIC UTTAÏR
DE FARID-UDDIN ATTAR.

L'énigme de la nature a été diversement expliquée par la philosophie. Il s'est élevé en différents lieux et en différents siècles de grands génies auxquels la foule a été docile et qui ont fait adopter par des millions d'adeptes leurs suppositions réduites en systèmes. Toutefois, il manquait à ce profond mystère une explication authentique, qui pût satisfaire à la fois et l'esprit et le cœur. Cette explication, que la science humaine avait en vain cherchée, nous la devons à la révélation déposée dans les livres de l'Ancien et du Nouveau Testament. Elle nous a fait connaître les deux points culminants du mystère *Dieu* et *l'homme*. C'est sur ce dualisme abstrait que se sont exercés depuis longtemps nombre d'écrivains distingués, juifs, chrétiens et musulmans, et ces derniers peuvent même être simplement classés parmi les hérétiques chrétiens [1]. Mahomet fit reculer le christianisme jusqu'à une espèce de judaïsme; il admet cependant non-seulement l'Ancien mais le Nouveau Testament comme base de ses doctrines, et il reconnaît la mission de Moïse et celle de Jésus, le Messie promis [2]. Ainsi l'islamisme n'est en effet qu'une grande aberration chrétienne. Avec les sociniens, les musulmans rejettent la divinité du Sauveur, et, par conséquent, la rédemption; avec les unitaires, ils nient la Trinité, et enfin, comme les quakers, ils ne sont pas baptisés [3].

Les musulmans ont surtout déployé, pour développer le mystère de

---

[1] *Catéchisme de Montpellier*, 1re section, ch. III, § 10.
[2] La première partie de la profession de foi musulmane : *La ilah illa Allah*, « il n'y a de Dieu que le (vrai) Dieu », paraît empruntée au psaume XVII, verset 32 : *Quis Deus præter Dominum ?*
[3] Chose digne de remarque, ils admettent la tradition de l'Église catholique sur le culte des saints et les prières pour les morts.

la nature, une subtilité remarquable. Ils ont entrepris une tâche difficile, l'alliance de la philosophie et de la révélation. Placés entre le panthéisme des joguis indiens et le Coran, qui est quelquefois une informe copie de la Bible, les philosophes musulmans nommés *sofis* ont établi une école panthéiste appropriée aux idées musulmanes [1], une sorte de doctrine ésotérique de l'islamisme, qu'on doit distinguer du panthéisme indien [2], bien qu'elle n'offre en réalité que les erreurs du védanta [3] et du sankhya [4]. Or « le panthéisme, comme doctrine morale, conduit aux mêmes conclusions que le matérialisme, négation de la liberté humaine, indifférence des actions, légitimité des jouissances temporelles. Dans ce système *tout est Dieu, excepté Dieu lui-même*, puisqu'il cesse par là même de l'être [5]. »

Le spiritualisme des sofis, quoiqu'il soit le contraire du matérialisme, lui est en réalité identique. Mais si leur doctrine n'est pas plus raisonnable, elle est du moins plus élevée et plus poétique. Un voyageur anglais (Burton) l'a parfaitement décrite en peu de mots : « The religion of beauty, whose leading principle is that of earthly, the imperfect type of heavenly love. Its high priests are Anacreontic poets; its rites wine, music and dancing, spiritually considered, and its places of worship meadows and gardens where the perfume of the rose and the song of the nightingale, by charming the heart, are supposed to improve the mind of the listener. »

Le poëte hindoustani Yaquîn dit à ce sujet :

« O scrupuleux dévot, ne crois pas que pour fréquenter la taverne on soit dépourvu de foi. Là, le vin, c'est la révélation; la coupe, le prophète qui l'annonce; et l'échanson, c'est Dieu [6]. »

Selon les sofis afgans, le vin signifie la direction; le sommeil, la méditation sur les perfections divines; le parfum, l'espoir de la faveur divine; le zéphyr, les explosions de la grâce; les baisers, les transports de la piété. Les idolâtres, les infidèles, les libertins ne sont autres que ceux qui sont en possession de la vraie foi; leur idole, c'est le créateur, la taverne, c'est le temple de l'amour divin; le tavernier, le guide spirituel; la *beauté*, c'est la perfection de la Divinité; les boucles et les

---

[1] Voyez le chapitre d'Ibn Khaldoun sur la doctrine des sofis, t. XII, p. 294 et suiv. des *Notice des Mss*.
[2] Ces deux branches du panthéisme sont mal à propos confondues par Graham dans son *Treatise on sufism* (*Transactions of the literary Society of Bombay*, t. III, p. 89 et suiv.)
[3] Vyaçadéva est l'auteur de ce système de philosophie, qui enseigne l'unité des êtres.
[4] Kapila est l'auteur de ce système, qui enseigne le néant des choses visibles.
[5] Cette phrase est tirée de l'*Histoire générale des races humaines*, par Eusèbe de Salles. Les mots en italique sont de Bossuet.
[6] Voyez le texte de cette citation dans *Gilchrist's Grammar*, p. 221.

tresses de cheveux, c'est l'immensité de sa gloire; les lèvres, les mystères inscrutables de son essence; le duvet des joues, le monde des esprits qui environnent son trône; l'éphélide, l'unité divine; la gaieté folle, l'enthousiasme religieux [1].

Il y a eu des écrivains sofis qui ont employé leurs efforts à faire concorder un à un avec les dogmes mahométans leurs propres principes, de manière à en établir l'orthodoxie [2]. Tous admettent une double doctrine, l'*exotérique* ou extérieure (*zahr*), et l'*ésotérique* ou intérieure (*batn*).

Il règne au surplus chez les musulmans, dit d'Herbelot dans sa *Bibliothèque orientale,* au mot *Giamaat,* une grande liberté d'opinion. Le plus grand nombre de leurs écrivains religieux appartiennent à la secte philosophique des sofis, ce qui a propagé parmi eux la doctrine du libre examen. Les docteurs les plus orthodoxes de l'islamisme semblent l'approuver, et on cite complaisamment cette sentence du célèbre Ibn Mas'ûd : « L'Église ne consiste pas dans la quantité des personnes. Celui qui possède la vérité de son côté est l'Église, fût-il seul [3]. »

Dans l'Inde, le sofisme d'une part et le védantisme de l'autre ont eu pour résultat de rapprocher les éléments opposés de l'islamisme et de l'hindouisme, ce qui s'est traduit dans la pratique par de nombreuses sectes mixtes, telles par exemple que celles des kabîr-panthîs et des sikhs [4].

La théosophie ou la doctrine des sofis est ancienne dans l'islamisme, et elle y est très-répandue, surtout chez les partisans d'Ali [5]. De là la croyance de ces derniers à l'infusion de la divinité dans Ali et dans les imâms, et leur explication allégorique de tous les préceptes religieux et cérémoniels. Toutefois, celui qui porta le premier le titre de *sofi*, ce fut Abû Hâschim de Kufa, qui vivait dans la dernière moitié du huitième siècle [6].

Le célèbre sofi Bâyazid Bistami a dit [7] : « La semence de la théosophie a été mise en terre du temps d'Adam; elle a poussé sous Noé; elle a fleuri sous Abraham, et du temps de Moïse les raisins ont commencé à

---

[1] H. G. Raverty, « Selections from the poetry of the Afgans », p. xxi.

[2] On a publié en Allemagne, il y a quelques années, un curieux ouvrage turc où ce sujet est habilement traité; mais on pense bien que c'est un tour de force sans résultat positif. Voyez sur cet ouvrage, qui a été publié à Leipzig par M. Krell, le rapport de M. Mohl sur les travaux de la Société asiatique en 1849.

[3] Nous disons aussi : « Ubi Christus ibi Ecclesia. »

[4] Voyez dans mon *Histoire de la littérature hind.* les articles Kabîr, Nânak, Dadu, etc.

[5] Dans le *Missionary Register,* Londres, 1818, p. 251, il est dit qu'il y a en Perse seulement quatre-vingt mille sofis.

[6] *Commentaire de Hariri,* publié par feu S. de Sacy, p. 595; *Notices des Mss.*, t. XII, p. 290.

[7] Sprenger, *Journal As. Soc. of Bengal,* 1856, p. 134.

se développer. Ils sont parvenus à leur maturité au temps du Christ, et au temps de Mahomet on en a fait du vin pur. Ceux qui parmi ses sectateurs ont aimé ce vin, en ont bu au point de perdre la conscience d'eux-mêmes et de s'écrier : « Louange à moi! Y a-t-il un être plus grand que moi? » Ou bien : « Je suis la Vérité (*Hacc*) (c'est-à-dire Dieu)! Il n'y a de Dieu que moi ! »

Il est bon de rappeler que *sofi* ne vient pas du mot grec σοφός « sage », comme on serait tenté de le croire, mais du mot arabe *sûf* « laine », et qu'il signifie « vêtu de laine ». Une robe de laine est en effet le costume ordinaire des derviches ou faquirs, tous contemplatifs et spiritualistes.

On nomme aussi les sofis *mutaçauwif*, mais ce mot sert plutôt à désigner le *tâlib* « novice » ou *murîd* « élève », qui s'efforce de devenir sofi. On donne plus ordinairement au tâlib le nom de *sâlik* « marcheur dans la voie spirituelle ». Par suite, ce mot se prend simplement pour « homme ». Saint Thomas a employé dans le même sens l'expression de *viator*, dans la prose *Lauda, Sion,* lorsqu'il a dit :

> Ecce panis angelorum
> Factus cibus viatorum.

« Voici le pain des anges qui est devenu la nourriture des hommes. »

On nomme *abûdiyat* « esclavage » le service de Dieu, et *abd* « esclave », celui qui s'y consacre. Le contemplatif se nomme *ârif* (pl. *'urafâ*) « celui qui connaît [1] », et l'objet de sa contemplation *marîfat* « la connaissance de Dieu ». Celui qui est parvenu à cette connaissance se nomme *pîr* « vieillard », ou *walî* (pl. *auliyâ*) « approché », mot qui, par suite, peut se rendre par *saint*. Celui qui enseigne aux autres cette connaissance se nomme quelquefois *khalîfa* (khalife). *Jazb*, c'est « l'attraction » divine si bien développée dans une homélie de saint Augustin [2]. L'état extatique qui est le résultat de la contemplation se nomme *hâl* « situation », et les pauses qu'on y fait, *macâm* « station ». « L'union avec Dieu » se nomme *jam'*, ou *tauhîd* « unification »; « la séparation », *farc*, et « la demeure avec Dieu », *sukûnat*.

On nomme *jâhil* « ignorant » le mondain, celui qui ne s'occupe pas des choses spirituelles, celui à qui elles sont étrangères.

Les musulmans distinguent « l'amour de Dieu », *ischc ullah* [3], du

---

[1] Nûr ullah Schustarî (cité par Malcolm, *History of Persia*) distingue le sofi théoricien, qu'il nomme *hâkim* (pl. *hukamâ*) « sage », de celui qui cherche à se sanctifier dans la pratique, qu'il nomme *'ârif* ou *walî*.

[2] Troisième leçon du nocturne du mercredi des Quatre-Temps de la Pentecôte du Bréviaire de Paris.

[3] Ces mots étaient gravés sur le chaton de la bague d'un prince d'Aoude qui était à Paris il y a quelques années.

hubbat « affection », *muhubbat* « amitié », *schauc* « désir », *ischtiyâc* « ardeur », *wajd* « extase ».

Telles sont les principales expressions employées par les spiritualistes musulmans. Il y en a beaucoup d'autres encore, mais leur explication exigerait des développements que ne comporte pas le cadre de ce travail [1].

Les principes de la secte philosophique des sofis ont été exposés dans de nombreux traités didactiques, mais ce sont surtout des ouvrages poétiques qui les ont rendus populaires. Les plus célèbres de ces ouvrages sont dus à des poëtes de la Perse, et leurs poésies mystiques sont, il me semble, ce qu'offre de plus original la littérature persane, cette belle littérature trop peu connue encore, et si injustement jugée par Zamakhschari dans un vers qu'on regrette de trouver pour épigraphe d'un ouvrage classique [2] :

« Il y a la même différence entre les Arabes et les Persans qu'entre la datte et le noyau. »

Le poëme que j'entreprends d'analyser offre, dans un cadre allégorique et sous des expressions métaphoriques, sinon un traité complet, du moins un tableau exact de la véritable doctrine des sofis, et présente sous son jour réel leur philosophie religieuse. Son titre de *Langage des oiseaux* (Mantic uttaïr) est emprunté au Coran (XXVII, 16) où on lit : « Salomon succéda à David, et il dit : O hommes ! je connais le *langage des oiseaux.* »

Ce poëme, un des monuments les plus curieux de la doctrine dont il s'agit, se compose d'environ quatre mille six cent cinquante vers du genre dit *masnawi* et du mètre appelé *raml*. Le poëte qui en est l'auteur [3] se nommait Muhammad ben Ibrahim ; il avait le surnom de Nischapuri, c'est-à-dire de la ville de Nischapur, le titre honorifique de Farid uddin (la Perle de la religion), et le sobriquet d'Attar (Parfumeur). Il naquit en 1119 de Jésus-Christ, et mourut vers 1230, âgé de plus de cent dix ans, massacré par les soldats mogols de Genguiz Khân. Il exerça d'abord la profession de parfumeur, ainsi que l'indique son sobriquet. Un jour que notre poëte était dans sa boutique, il passe un derviche qui s'arrête tout à coup, jette un regard sur les marchandises qui étaient étalées, puis pousse un profond soupir. Attar, étonné, le

---

[1] Voyez entre autres, à ce sujet, le Mémoire de S. de Sacy sur le *nafhat uluns*, t. XII des Notices des Mss., p. 326 et suiv. — [2] Chrestomathie arabe.

[3] La vie d'Attar par Daulet Schâh a été publiée et traduite par S. de Sacy dans le *Pend nameh* d'Attar. Voy. aussi la notice de sir Gore Ouseley dans ses « Biographical Notices of Persian Poets », p. 236 et suiv. On trouve son portrait au département des gravures de la Bibliothèque impériale, peintures persanes, O-d, 64, feuille 30.

prie de continuer sa route. « Tu as raison, lui répond l'inconnu, le voyage de l'éternité est facile pour moi. Je ne suis pas embarrassé dans ma marche, car je n'ai au monde que mon froc. Il n'en est malheureusement pas ainsi de toi, qui possèdes tant de précieuses marchandises. Songe donc à te préparer à ce voyage. »

Ce discours, disent les biographes originaux, fit une vive impression sur l'esprit d'Attar; il abandonna son commerce et le monde pour se consacrer exclusivement au service de Dieu. Pendant plusieurs années, il se livra aux exercices de la mortification et à la pratique de la piété. Il fit ensuite le pèlerinage de la Mecque et fréquenta beaucoup de pieux personnages. Ce fut ainsi qu'il recueillit la grande quantité d'anecdotes dont il a enrichi ses ouvrages, et qui fournissent de précieuses données à la biographie musulmane.

Dans sa vieillesse il reçut à Nischapur la visite de Jalâl uddîn Rûmî, auteur du célèbre *Masnawi*, et il lui donna son *Asrâr nâma* « Livre des secrets ». Ce fut, dit-on, la lecture de ce livre qui inspira à Rûmî le goût du spiritualisme [1].

Attar n'a écrit en prose qu'une vie des saints musulmans, intitulée *Tazkirat ulauliya* (Mémorial des amis de Dieu). Ses autres ouvrages sont en vers, et forment un total de cent mille vers; mais je n'en parlerai pas ici, et je traiterai seulement du *Mantic uttaïr*, qu'il écrivit vers 1175, et qui jouit d'une immense réputation en Orient [2]. Dans le tableau analytique que je vais en donner, je comparerai quelquefois le sacré au profane, non pas que je veuille l'assimiler en rien ni faire un mélange impie, mais parce qu'il est consolant pour le chrétien sincère de voir la vérité se réfléchir sur l'erreur et témoigner des anciennes traditions divines, étouffées par les doctrines humaines. A défaut du soleil de la révélation qui éclaire notre intelligence, nous trouvons ici, au milieu des ténèbres de la nuit musulmane, quelques vers luisants dont la lumière phosphorique nous rappelle l'éclat resplendissant de la vérité.

Près d'un siècle après la publication du *Mantic*, il paraissait en Syrie un ouvrage arabe qui jouit aussi dans l'Orient musulman d'une grande réputation, et qui a quelques traits de ressemblance avec celui d'Attar. C'est celui de Mucaddéci, auquel j'ai donné le titre français de « les Oiseaux et les Fleurs », et qui est lui-même une imitation d'un livre arabe plus ancien, intitulé *Icâz ulwasnân* « le Réveil du dormeur »,

---

[1] Je tire ce renseignement de Faïz, traducteur hindoustani du *Pand nâma*.
[2] Le *Mantic* n'est pas entièrement inconnu en Europe. Feu S. de Sacy en a traduit plusieurs morceaux dans le tome XII des *Notices des Mss.* et dans les notes du *Pend nameh* du même Attar, et M. de Hammer en a donné un aperçu sommaire dans son *Geschichte der schönen Redekünste Persiens*.

lequel fut composé à peu près dans le même temps que le *Mantic* par Abu'lfaraj Aljuzi. Sous quelques rapports, l'auteur de ce dernier ouvrage a pu en emprunter l'idée au *Tuhfat ikhwân ussafá* « Cadeau des frères de la pureté », ouvrage célèbre qu'on a attribué à Attar et à Ibn uljalîl [1], mais auquel Hajî Khalfa donne pour auteur Majriti, de Cordoue, mort en 1004 [2].

Les allégories morales de Mucaddéci parurent en Syrie vers l'époque où le *Roman de la Rose* fut écrit en France. Ce dernier ouvrage, qui a joui d'une grande popularité dans le moyen âge, a quelque analogie avec *les Oiseaux et les Fleurs*, et surtout avec le *Mantic*. En effet, ce roman est généralement considéré, avec raison, comme mystique, et la rose mystérieuse proposée à la conquête de l'homme, c'est Dieu lui-même. L'objection qu'on a tirée des images licencieuses et des expressions libres qu'on y trouve pour rejeter l'idée d'un but religieux ne me paraît pas fondée; car tel était le mauvais goût du siècle. En Orient, on trouve plus que partout ailleurs ce mélange extraordinaire. On y trouve même la mention fréquente de l'amour antiphysique; elle salit les poésies mystiques de Saadi, de Hafiz et d'autres célèbres écrivains. Attar lui-même a cédé quelquefois à ce déplorable relâchement des mœurs chez les musulmans, dans ses expressions et dans ses tableaux. On y trouve du reste, comme chez tous les poëtes sofis, un étrange amalgame de l'amour spirituel et de l'amour charnel. Au surplus, ce singulier mélange n'est pas particulier à l'Orient musulman. L'éminent érudit M. V. Le Clerc [3] a dit à ce sujet : « Les annales de cette poésie qui invoque sous le nom d'une femme la Divinité elle-même, dont cette femme est le symbole ou *idéal* ou *visible*, s'ouvrent pour l'Europe par un grand nom philosophique, celui de Platon. C'est Platon qui a dit que Dieu est la beauté unique d'où émane tout ce qui est beau dans le monde, le terme suprême où doit aspirer le cœur de l'homme qui s'y élève par degrés, en contemplant d'abord le beau sensible.... L'amour des êtres créés est le symbole et le premier degré de l'amour de Dieu. »

Il existe en hindoustani un roman qui ressemble en quelque chose au *Roman de la Rose*, et qui porte le même titre; c'est la *Rose de Baka-*

---

[1] Voyez les *Notices des Mss.*, t. IX, p. 397; et le *Journal des Savants*, 1817, p. 665.

[2] Voyez la traduction que j'ai donnée de ce livre dans la *Revue de l'Orient*, 1863. Il existe un curieux ouvrage du même genre, mais sur les oiseaux seulement, intitulé : *La vertu enseignée par les oiseaux*, par le R. P. Alard le Roy. Liége, 1653, in-8°. Quelques-uns de nos oiseaux y sont mentionnés : le rossignol, symbole de la musique; le paon, de l'orgueil; la colombe, de la sincérité; le perroquet, du babil. Il y a aussi l'*Ornithologia moralis, per discursus prædicabiles, auctore Hueber*, Monachii, 1678, in-folio.

[3] Dans un article qu'il a consacré à l'examen de l'ouvrage de feu E. J. Delécluze, intitulé : *Dante Alighieri, ou la Poésie amoureuse et mystique*. Paris, 1848.

wali [1]. On trouve précisément dans cet ouvrage un passage où est exposée poétiquement, en peu de mots, la doctrine des sofis musulmans. Voici ce passage :

« Dieu existait seul au commencement des siècles; il était concentré en lui-même; le soleil de sa substance était resté caché derrière le voile du mystère; il se complaisait dans son amour; mais il éprouva le désir de se manifester au dehors; il voulut montrer sa beauté, faire connaître le vin de son amour et mettre en évidence le trésor caché de sa nature. A cet effet, il créa l'univers. Ce fut ainsi que l'unité de Dieu alla se réfléchir dans le miroir du néant [2].

» L'homme est la plus parfaite des créatures de Dieu; il est l'image et la ressemblance du Créateur. Il est le roi de la nature, parce que lui seul dans le monde se connaît lui-même, connaît ainsi le Créateur et possède l'intelligence de la révélation. On peut comparer Dieu au soleil qui se réfléchit dans l'eau. Or, le reflet de la lumière n'est que la lumière elle-même. C'est ainsi que des hommes religieux, enivrés de la coupe de la communion divine, se sont écriés : *Je suis Dieu*. En effet, l'homme participe aux attributs divins, que dis-je? sa substance est celle de Dieu même. La seule différence, c'est qu'il n'est qu'un être casuel, tandis que Dieu seul est l'être nécessaire [3]. »

Je vais résumer actuellement la doctrine des sofis en un petit nombre d'articles qui seront occasionnellement développés plus loin. Voici ce symbole du panthéisme islamique :

1° Dieu seul existe; il est dans tout et tout est lui-même [4].

---

[1] J'en ai donné la traduction abrégée dans le *Journal asiatique* en 1835; et plus complète dans la *Revue de l'Orient*, 1858-59.

[2] Saint Paul a dit (Hébr., xi, 3) : « C'est par la foi que nous comprenons comment le monde a pu être formé par la parole de Dieu, en sorte que ce qui était invisible soit devenu visible. » L'idée des sofis que le monde est le reflet de la Divinité, l'ombre du soleil, se trouve exprimée de même dans Eckart, *Mystique du moyen âge*, cité par M. J. Sandoz dans la *Revue chrétienne*, numéro d'août 1859. Le christianisme trop formaliste du moyen âge avait fait naître chez les âmes généreuses ces idées mystiques qui dégénèrent facilement en panthéisme. Jean de Parme, général des franciscains, auteur du livre célèbre intitulé l'*Évangile éternel*, et même l'auteur encore inconnu de l'*Imitation* proclament que se perdre en Dieu c'est le but auquel on doit tendre.

[3] Conf. « Omnes sicut vestimentum mutabis eos et mutabuntur; tu autem idem ipse es, et anni tui non deficient. » Psaume ci, 27, 28. « Tout périt excepté Dieu. » Coran, iv, 5.

[4] Pope s'exprime d'une manière analogue dans ces vers. (*Essay on man*, Epist. I, ix.)

« All are but parts of the stupendous whole,
» Whose body is nature and God the soul.
. . . .
» Worms in the sun, refreshes in the breeze,
» Glows in the stars, and blossoms in the rees. »

Lucain a dit aussi :

» Jupiter est quodcumque vides, quocumque moveris. »

2° Tous les êtres visibles et invisibles en sont une émanation [1], divinæ particula auræ », et n'en sont réellement pas distincts [2]. La création est une sorte de jeu ou de passe-temps de la Divinité : « Ludens in orbe terrarum. » Prov. VIII, 31.

3° Les sofis ne sont pas assujettis à la loi extérieure [3]. Le paradis et l'enfer, tous les dogmes enfin des religions positives, ne sont pour le sofi que des allégories dont seul il connaît l'esprit.

4° Ainsi les religions sont indifférentes [4]. Elles servent cependant de moyen pour arriver à la réalité. Quelques-unes sont plus avantageuses que les autres pour atteindre ce but, entre autres la religion musulmane, dont la doctrine des sofis est la philosophie.

5° Il n'existe réellement pas de différence entre le bien et le mal, puisque tout se réduit à l'unité, et qu'ainsi Dieu est en réalité l'auteur des actions de l'homme.

6° C'est Dieu qui détermine la volonté de l'homme, et, ainsi, ce dernier n'est pas libre dans ses actions.

7° L'âme est préexistante au corps et y est renfermée comme dans une cage ou dans une prison [5]. La mort doit donc être l'objet des vœux du sofi ; car c'est alors qu'il rentre dans le sein de la Divinité dont il émane, et qu'il obtient ce que les bouddhistes nomment le *nirwâna*, c'est-à-dire l'anéantissement en Dieu.

8° C'est par la métempsycose que les âmes qui n'ont pas rempli leur destination ici-bas sont purifiées et deviennent dignes d'être réunies à Dieu.

9° La principale occupation du sofi doit être de méditer sur l'unité et de s'avancer progressivement par les divers degrés de la perfection spirituelle, afin de mourir en Dieu [6], et d'atteindre dès ce monde à l'unification avec Dieu [7].

---

[1] Le système d'émanation semble fondé sur ce texte du Coran, I, 151 : « Nous sommes *de* Dieu et nous retournons *à* lui. »

[2] L'homme est le reflet du Créateur, comme il a été dit plus haut. Attar dit dans le *Mantic*, que Dieu est le soleil et lui l'ombre. Feuerbach, élève de Hegel, a soutenu l'impie thèse inverse : « Dieu, a-t-il dit, c'est l'homme reproduit dans un merveilleux mirage. C'est le reflet de l'ombre grandiose du genre humain, c'est l'image de Narcisse dans la fontaine. »

[3] Conf. *Si spiritu ducimini, non estis sub lege... Adversus hujusmodi (fructus spiritûs) non est lex*, Galates, V, 18, 23. *Omnia munda mundis*, Tite, I, 15.

[4] Voici la traduction d'un vers du célèbre sofi Jalâl uddîn Rûmî qu'on cite à ce sujet : « En quelque lieu que nous mettions le pied, nous sommes toujours, Seigneur, dans ton domaine. Dans quelque coin que nous nous retranchions, nous sommes toujours chez toi. Peut-être, disions-nous, il y a quelque chemin qui mène ailleurs ; mais quelque chemin que nous ayons pris, il nous a toujours conduits vers toi. » C'est dans un autre sens que David a dit à peu près la même chose dans le psaume CXVIII, v. 8 et suiv.

[5] « L'âme, d'après un dicton populaire, est un prisonnier, qui en s'échappant tue son geôlier. »

[6] Un poëte musulman de l'Inde a dit : « Pour celui qui est mort (en Dieu), le nom même de l'existence est une sorte de déshonneur. »

[7] Ἢν δ', ἀπολείψας σῶμα, ἐς αἰθέρ ἐλεύθερον ἔλθης,
Ἔσσεαι ἀθάνατος, θεὸς ἄμβροτος, οὐκέτι θνητός.
PYTHAGORE, *Vers dorés*, à la fin.

10° Sans la grâce de Dieu, ce que les sofis nomment *faïz*, on ne peut de soi-même parvenir à cette union spirituelle; mais les sofis admettent la grâce suffisante, car ils disent que Dieu ne refuse pas son secours à celui qui l'attire par ses fervents désirs.

Les funestes doctrines dont je viens de donner le symbole n'ont pas été, on le sait, sans partisans dans l'Europe chrétienne. Nous avons entre autres nos sofis dans les adamites [1], qui enseignaient que l'âme humaine était une émanation de la Divinité emprisonnée dans les organes corporels; qu'il fallait donc chercher à l'en affranchir; que tous les actes du corps étaient indifférents en eux-mêmes et ne portaient aucune atteinte à l'âme.

Sans aller aussi loin, plusieurs chrétiens célèbres ont émis des opinions tout à fait panthéistes. Ainsi, dans le septième siècle, Maxime le Confesseur, sans s'écarter ouvertement des dogmes de l'Église, supposait Dieu en tout et considérait son essence comme la vie de tous les êtres. Ainsi encore, Cabasilas voulait dégager l'âme de tout le poids dont la nature enveloppe nos facultés, pour arriver à la fusion absolue avec l'*un* ineffable, préparée par la contemplation. Pour tous ces mystiques, l'unification avec le premier principe et l'absorption complète de l'être sont le dernier terme de l'épuration de l'âme. L'Église latine a eu aussi son panthéisme spiritualiste comme l'Église d'Orient, mais il y a entre les deux Églises une différence que le savant helléniste Hase a signalée dans le *Journal des Savants* [2].

Au surplus, il ne faut pas toujours prendre à la lettre les expressions impies des écrivains mystiques de l'Orient musulman. Attar, par exemple, dans l'épilogue du *Mantic*, dit qu'il n'est ni musulman ni infidèle; et, quelques lignes plus bas, il demande à Dieu de le conserver dans l'islamisme. Le panthéisme des écrivains musulmans est quelquefois plus apparent que réel. On doit les juger par l'ensemble de leurs idées et non par des phrases isolées [3]. Quoi qu'il en soit, malgré leurs théories insensées, les sofis suivent souvent avec fidélité dans la

---

[1] Hérétiques des premiers siècles de l'Église.

[2] Article sur l'ouvrage de Gas : *Die Mystik des Nicolaüs Cabasilas*, cahier de nov. 1849.

[3] C'est ainsi qu'en lisant, sans le contexte, certains passages de l'*Imitation*, et en ignorant qu'ils sont tirés de ce livre admirable, on pourrait croire que son pieux auteur est panthéiste. On lit, par exemple, au ch. III, v. 2 du livre Ier : « Cui omnia unum sunt, et omnia ad unum trahit, et omnia in uno videt, potest stabilis corde esse, et in Deo pacificus permanere. O Veritas (*ulhacc*, comme disent les musulmans) Deus ! fac me unum tecum in caritate perpetuâ. » Et ch. v, v. 6 du livre III : « Dilata me in amore, ut discam interiori cordis ore degustare, quam suave sit amare, et in amore liquefieri et natare. »

Nous disons aussi à l'Offertoire de la messe : « Deus... da nobis ejus divinitatis esse consortes, qui humanitatis nostræ fieri dignatus est particeps Jesus Christus Dominus noster. »

Ce passage ne se trouve pas dans la liturgie lyonnaise.

pratique les devoirs extérieurs de la religion : *Intus ut libet, foris ut moris est.*

Avant d'aborder l'analyse détaillée du *Mantic uttaïr*, et de mettre par là en lumière les doctrines philosophiques des sofis, je dois indiquer en quelques mots le sujet allégorique du poëme.

Les oiseaux vivaient en république, mais ils sentirent la nécessité d'avoir un roi. *Un pays sans roi,* dit un proverbe indien, *est comme une nuit privée de la clarté de la lune et une femme vertueuse sans mari*[1]. La huppe, que les traditions rabbiniques et musulmanes donnent pour guide à Salomon dans son voyage à Saba, et qui, ayant ainsi connu familièrement le grand roi d'Israël, était plus que tout autre oiseau capable d'apprécier les qualités que doit avoir un bon roi, la huppe, dis-je, propose aux oiseaux pour souverain *Sîmorg*, oiseau extraordinaire qui réside au Caucase et dont elle loue les admirables mérites.

Les oiseaux agréent Sîmorg pour roi, mais ils sont effrayés par la longueur et le danger du voyage qu'il faut entreprendre pour aller le trouver. Les principaux d'entre eux exposent tour à tour leurs objections ou leurs excuses, mais la huppe les réfute toutes. Leurs raisons sont celles que donnent les mondains contre les préceptes de l'Évangile. C'est le repas du père de famille que dédaignent les conviés. Quelques oiseaux spiritualistes n'élèvent aucune objection, et se contentent d'adresser à la huppe des *demandes* sur ce qu'ils ont à faire.

Tous les oiseaux se décident enfin à partir, mais la plupart périssent en route de faim, de soif, de fatigue. Enfin, après bien des peines, et après avoir franchi sept vallées mystérieuses, ils arrivent au nombre de *trente* seulement auprès de *Sîmorg*. Or ce mot signifie en persan *trente oiseaux*. Ainsi les oiseaux, qui représentent les hommes, se retrouvent eux-mêmes en Sîmorg, c'est-à-dire en Dieu.

Telle est l'allégorie dont Attar s'est servi pour enseigner l'unité des êtres et l'existence de Dieu seul, représenté par l'oiseau mystérieux du Caucase.

Le *Mantic* se divise en deux parties, ainsi qu'Attar le dit lui-même dans son épilogue : le *Mantic uttaïr* proprement dit, c'est-à-dire *les Conférences préparatoires des oiseaux*, et le *Macâmât uttuyûr*, c'est-à-dire *les Stations des oiseaux*, ou, comme Attar les appelle aussi, *les Séances du chemin de la stupéfaction* et *le Diwan des poésies du vertige*. En effet, dans plusieurs manuscrits, ces deux parties sont distinctes et forment même quelquefois deux poëmes différents. Le *Mantic* se compose d'une introduction, des deux parties dont je viens de parler, et

[1] *Prem sagar*, ch. LI.

d'un épilogue. Partout le récit est coupé, de temps en temps, par des anecdotes ou des paraboles propres à faire ressortir les pensées de l'auteur et à mettre en relief ses doctrines.

Actuellement, on pourra, je pense, me suivre facilement, tant dans l'analyse plus complète que je vais donner de l'ouvrage, que dans les nombreux extraits que je traduirai du persan en français aussi littéralement que notre goût le comporte, en m'aidant des traductions hindoustanie et turque qui en ont été faites. « C'est une chose presque incroyable, dit le célèbre Arnauld d'Andilly [1], que l'extrême difficulté qu'il y a à faire des traductions aussi fidèles qu'élégantes et aussi élégantes que fidèles. Il est incomparablement plus aisé de bien écrire de soi-même, dans la liberté tout entière que l'on a de s'exprimer, que de traduire, dans la contrainte où l'on se trouve pour rendre fidèlement et éloquemment, tout ensemble, les pensées de l'auteur. »

Les musulmans commencent toujours leurs écrits par une invocation à Dieu suivie des louanges de Mahomet et des quatre premiers khalifes ou des imâms [2], et quelquefois des uns et des autres. Attar n'a pas manqué de se conformer à cet usage, et il n'a pas employé moins de cinq cent quatre-vingt-douze vers à cette introduction. Les vers dont elle se compose sont souvent empreints d'une véritable éloquence, et on y trouve çà et là de belles pensées, mais quelquefois des images bizarres et singulières qui font l'admiration de l'Orient, mais que notre goût réprouve. De cette introduction, je ne traduirai pas les lieux communs qu'on trouve dans la plupart des ouvrages musulmans, mais seulement ce qu'elle présente de neuf ou du moins de peu connu, et tout ce qui tend à faire apprécier l'esprit des doctrines de l'auteur.

« Louange, dit Attar en commençant, au pur Créateur des âmes, qui a gratifié de l'âme et de la foi l'homme fait de poussière, qui a placé sur les *eaux* son trône, et qui a mis dans les airs des créatures *terrestres*. »

On voit que l'auteur du *Mantic* passe tout de suite à la création des oiseaux, qui sont les héros de son livre. La pensée qui précède est biblique, c'est le *spiritus Domini ferebatur super aquas* de la Genèse [3].

« Il a donné aux cieux, continue Attar, la domination, et à la terre, la dépendance. Aux cieux, il a imprimé un mouvement perpétuel; à la terre un uniforme repos. Il a étendu le firmament au-dessus de la terre comme une tente sans pieux. En *six* jours, il a créé les *sept* planètes, et au moyen de deux lettres il a créé les neuf coupoles des cieux. »

Nous trouvons ici deux jeux de mots qu'il faut expliquer : les sept pla-

---

[1] Lettres d'Arnaud d'Andilly à l'abbé de Rancé. — [2] Selon qu'ils sont sunnites ou schiites. — [3] Genèse, I, 2.

nètes font allusion aux sept jours de la semaine, dont six seulement furent employés à la création. Quant aux deux lettres dont parle Attar, ce sont celles qui composent le mot *kun* « sois », formé de deux lettres seulement en arabe, et cité dans un célèbre passage du Coran (II, 111), qui représente le *dixit et facta sunt* de la Bible [1].

« Dieu a donné à la fourmi une taille aussi fine qu'un cheveu; il l'a mise en rapport avec Salomon [2]. Il lui a départi un beau vêtement digne des Abbacides, robe de brocart que le paon lui envie, et qu'on n'a pas eu la peine de tisser..... »

« Comme Dieu vit une aiguille [3] entre les mains de Jésus, il l'en blâma sévèrement [4]. »

« Dans l'hiver il répand la neige argentée; dans l'automne, l'or des feuilles jaunies... A l'idée de Dieu, l'esprit se déconcerte, l'âme s'affaisse. A cause de Dieu, le ciel tourne, la terre chancelle. Depuis le dos du *poisson* jusqu'à la *lune*, chaque atome atteste son existence. La terre inférieure, le ciel élevé, lui rendent l'un et l'autre témoignage. »

Il est souvent fait allusion dans les poésies musulmanes à cette idée de la cosmogonie persane que le monde repose sur le dos d'un poisson. Or *poisson* se dit *mâhi* en persan, et *lune*, *mâh*. De là les jeux de mots perpétuels sur le *poisson* et la *lune*; sur l'empire, par exemple, du Roi des rois, qui s'étend de la lune au poisson. On trouvera plus loin d'autres allusions à cette idée.

« Dieu produit le vent, la terre, le feu, le sang. C'est par ces choses qu'il annonce son secret [5]. Il pétrit de la terre, et après quarante jours il

---

[1] Psaume XXXII, 9.

[2] Ceci fait allusion à une légende citée surate XXVII, v. 19. Cette surate porte le titre de *Chapitre de la fourmi*, parce que la mention de la légende dont il s'agit est ce qu'il y a de plus saillant dans ce chapitre. D'après cette légende, les fourmis que l'armée de Salomon foulait aux pieds s'en plaignirent à ce prince par l'organe de leur chef.

[3] Il s'agit probablement ici d'une aiguille de pêcheur pour raccommoder les filets. Dans mon texte imprimé, vers 17, j'ai suivi la leçon erronée *aïbé* au lieu de *'Içà*, et *bâ rûé* au lieu de *bar rû*, et j'ai traduit en conséquence; mais je rectifie ici ma traduction.

[4] Parce que, selon l'auteur musulman, Jésus montrait par là qu'il n'était pas entièrement détaché des biens du monde.

Ce passage fait allusion à une légende musulmane mentionnée une autre fois dans le *Mantic uttaïr* (vers. 3986-87 du texte, et page 223 de la traduction) qui doit être aussi rectifiée de la façon suivante : « S'il te restait uniquement comme à Jésus une seule aiguille, cent voleurs (ou *dangers*) t'attendraient sur ta route. Quoique Jésus eût fixé sa résidence dans le chemin (de Dieu), toutefois l'aiguille qu'il conserva le rendit évidemment blâmable. »

J'ai suivi le sentiment du savant professeur d'hindoustani du *Trinity College* de Dublin, Meer Oulad Allee, pour la traduction de ces deux passages, que deux idiotismes rendent difficiles. Dans le premier, *bakhya bar rû ufkandan* (jeter couture sur le visage) signifie : « dévoiler la faute de quelqu'un, etc. »; et dans le second, *rakht dar kû ufkandan* (décharger son bagage dans le chemin), signifie : « y rester ».

[5] Young a dit (Nuit VII⁰) :

Parts, like half-sentences, confound : the whole
Conveys the sense, and God is understood.

y mit l'âme : lorsque l'âme entra dans le corps, elle le vivifia. Dieu lui donna l'intelligence, pour qu'elle eût le discernement des choses; il lui donna la science, pour qu'elle pût les apprécier. Quand l'homme eut ces facultés, il confessa son impuissance, et, submergé dans l'étonnement, il tâcha d'agir.

» Amis ou ennemis, tous courbent la tête sous le joug de Dieu : c'est sa sagesse qui l'impose, c'est elle qui veille sur tous.

» Au commencement des siècles, Dieu a employé les montagnes comme des clous [1] pour fixer la terre, et il a lavé avec l'eau de l'Océan la face du globe. Il a placé la terre sur le dos d'un taureau. Or le taureau est sur le poisson, et le poisson est en l'air. Mais sur quoi repose le poisson? sur rien. Mais rien n'est rien; et tout cela n'est rien. »

On le voit, dès le début de son poëme, Attar nous fait connaître son système ou plutôt celui des sofis. Tout ce qui est visible, c'est le néant; la réalité gît dans le monde invisible. C'est là que nous devons chercher Dieu, le seul être réel, l'océan où les gouttes de l'existence vont se perdre. L'auteur revient cent fois sur la même idée dans le courant de son poëme; cent fois il proclame l'unité des êtres. C'est qu'en effet les principes des sofis se réduisent proprement à ce dogme unique.

Mais continuons à écouter Attar : « Admire l'œuvre de ce Roi (Dieu), quoiqu'il ne la considère lui-même que comme un pur néant. En effet, bien que son essence seule existe, il n'y a rien en réalité, si ce n'est elle. Le trône de ce roi est sur l'eau, et le monde est en l'air; mais laisse là l'eau et l'air, car tout est Dieu. Le ciel et la terre ne sont qu'un talisman qui voile la Divinité; sans elle ils ne sont qu'un vain nom. Sache donc que le monde visible et le monde invisible, c'est Dieu même. Il n'y a que lui, et ce qui est, c'est lui [2]. Mais, hélas ! personne ne peut le voir; les yeux sont aveugles, bien que le monde soit éclairé par un soleil brillant [3].

» O toi, qu'on n'aperçoit pas quoique tu te fasses connaître ! tout le monde, c'est toi, et rien autre que toi n'est manifeste. L'âme est cachée dans le corps, et tu es caché dans l'âme. O obscurité d'obscurité, ô âme de l'âme ! tu es plus que tout et avant tout. Tout se voit en toi, et on te voit en toutes choses.

» Ni l'esprit ni la raison ne comprennent ton essence, et personne ne

---

[1] Conf. Coran, LXXVIII, 7.

[2] Jamî dit dans *Yûçuf o Zalikhâ* (p. 4 de l'édit. de Rosenzweig) : « Ne vois qu'un seul, ne connais qu'un seul, ne parle que d'un seul. »

[3] « Il est aussi difficile de se représenter Dieu que de se figurer la voix qui sort de la bouche ou les sons que rend une cloche, dit à Sonnerat un philosophe indien. Tout annonce un être suprême, sans que, pour cela, nous puissions le définir, ni le peindre sous une forme sensible. » *Voyages*, t. I, p. 10.

connaît tes attributs[1].... Les prophètes eux-mêmes viennent s'abîmer dans la poussière de ton chemin. Quoique l'esprit existe par toi, trouvera-t-il cependant jamais la route de ton existence ?

O toi qui es dans l'intérieur et dans l'extérieur de l'âme[2], tu es et tu n'es pas ce que je dis. A ta cour, la raison a le vertige; elle perd le fil qui doit la diriger dans ta voie. J'aperçois clairement l'univers en toi, et cependant je ne te découvre pas dans le monde. Tous les êtres sont marqués de ton empreinte; mais toi-même tu n'as visiblement aucune empreinte; tu t'es réservé le secret de ton existence. Quelque quantité d'yeux[3] qu'ait ouverts le firmament, il n'a pu apercevoir un grain de la *poussière* du sentier qui conduit à toi. La terre non plus n'a pas vu cette *poussière,* bien que de douleur elle ait couvert sa tête de *poussière.* »

Ce dernier jeu de mots, que j'ai cru devoir reproduire, commence une série d'allégories d'aussi mauvais goût. Je les laisse, pour continuer à faire connaître ce qui, dans l'invocation, me paraît offrir de l'intérêt.

Nous allons voir Attar admettre virtuellement la nécessité de la révélation, et c'est ce trait qui caractérise le panthéisme de l'école musulmane. Mais les sofis ramènent tout à leur idée favorite. Ils ne voient dans la révélation que la manifestation de leur croyance, et ils pensent que la Bible et le Coran ont été seulement écrits pour l'homme qui se contente de l'apparence des choses, qui s'occupe de l'extérieur, pour le *zâhir parast,* comme ils le nomment, et non pour le sofi qui sonde le fond des choses. Écoutons Attar :

« Tu dois connaître Dieu par lui-même et non par toi. C'est lui qui ouvre le chemin qui conduit à lui, et non la raison humaine. Sa description n'est pas à la portée des rhétoriciens. L'homme qui a de l'énergie et celui qui en est dépourvu sont également incapables de la tracer. La science ou l'ignorance sont ici une même chose; car Dieu ne peut s'expliquer ni se décrire...

» Les êtres atomiques des deux mondes ne sont que le produit de tes conjectures; tout ce que tu sais, en dehors de Dieu, n'est que le résultat de tes propres conceptions. Quant à lui, il est parfait; mais comment l'âme humaine parviendra-t-elle où il est? Il est mille fois au-dessus de l'âme; il est bien au-dessus de tout ce que je peux dire...

---

[1] On peut dire à ce propos avec saint Augustin (serm. CXVII, 5) : « Quid mirum si Deum non comprehendis? Si enim comprehendis non est Deus. »
[2] « Prope est Dominus omnibus invocantibus eum. » Psaume CXLIV, 19. Amman dit dans le *Bag-o-bahar* (introduction), pour critiquer les faquirs : « Dieu est auprès de lui et il va le chercher dans les jungles »; et plus loin : « Le cœur de l'homme est la maison de Dieu. »
[3] Allusion aux étoiles.

» O toi qui apprécies la vérité, ne cherche pas d'analogie en ceci, car l'existence de l'Être sans pareil n'admet pas d'analogie. Sa gloire a jeté dans l'abattement l'esprit et la raison ; ils sont l'un et l'autre dans une indicible stupéfaction. Les prophètes et les envoyés célestes eux-mêmes n'ont pas compris la moindre parcelle du tout, et ils ont touché la terre de leurs fronts en disant : « Nous ne t'avons pas connu comme tu dois » l'être. »

» L'Océan agite ses flots pour proclamer l'essence divine ; mais tu ne comprends pas, et tu restes dans l'irrésolution... Ce qu'on peut dire de Dieu n'est qu'emblématique et allégorique ; or, aucune allégorie ni aucune explication ne sauraient en donner une juste idée ; personne ne le connaît, et il ne s'est signalé réellement à personne. Anéantis-toi, telle est la perfection, et voilà tout ; renonce à toi-même, c'est le gage de ton union avec Dieu, et voilà tout. Perds-toi en lui pour pénétrer ce mystère ; toute autre chose est superflue[1]. Marche dans l'unité, et tiens-toi à l'écart de la dualité ; n'aie qu'un cœur, un visage, une quibla. »

Attar termine sa tirade panthéiste par une allusion mahométane et judaïque ; car par la *quibla* il faut entendre, on le sait, l'endroit vers lequel on se tourne pour prier, c'est-à-dire Jérusalem pour les juifs, et la Mecque pour les musulmans.

Continuons à écouter ce mélange hybride de révélation et de philosophie, de vérité et d'erreur. A présent Attar va agencer à sa manière les traditions bibliques, enrichies par les rabbins et par les musulmans, avec les doctrines panthéistes :

« O ignorant fils d'Adam, tâche de participer à la science spirituelle de ton père. Toutes les créatures que Dieu tira du néant à l'existence se prosternèrent pour l'adorer. Lorsque enfin il créa Adam, il le fit sortir de derrière cent voiles, comme un échantillon de sa toute-puissance. Il lui dit : « O Adam, sois un océan de bonté ; toutes les créatures m'a-» dorent, sois adoré à ton tour. » Le seul qui détourna son visage de cette adoration fut transformé d'ange en démon, il fut maudit et ne connut pas les secrets divins. »

Il est dit aussi dans le psaume XCVI, 7 : « Adorez-le (Dieu), vous qui êtes ses anges. » Et saint Paul, par allusion à ce texte, dit de son côté (Héb. I, 6), en parlant de Notre-Seigneur Jésus-Christ : « Lorsqu'il (Dieu) introduit son premier né dans le monde, il dit : « Que tous » les anges de Dieu l'adorent. »

D'après la légende musulmane qui est mentionnée dans le Coran (VII, 171), et qu'Attar rappelle plus explicitement dans un autre endroit,

---

[1] Dimitte transitoria et quære æterna. (*Imitation*, liv. III, ch. I, 2.)

Dieu fit à toutes les âmes des hommes contenues dans Adam cette demande qu'Attar nomme ailleurs l'*aimant des amis de Dieu :* « Ne suis-je pas votre Seigneur? » Oui, lui répondirent-elles ; puis elles l'adorèrent. C'est ainsi, disent les musulmans, que l'homme qui se détourne du vrai culte de Dieu, c'est-à-dire de l'islamisme, est coupable, puisqu'il méconnaît l'engagement qu'il prit alors. Les sofis ajoutent que l'homme a confessé par cet acte que Dieu est le maître absolu de la nature, qu'il existe nécessairement, tandis que les créatures sont ou ne sont pas, puisqu'il les produit ou les fait disparaître à son gré.

Une légende qui accompagne celle-ci, c'est celle de la déchéance de Satan : elle est empruntée à une ancienne tradition que les saints Pères nous ont fait connaître. Dieu, disent-ils, tira du néant les anges dès le premier jour de la création. Il confia à Michel le soin du monde invisible et à Satan celui du monde visible. Après la création de l'homme, Dieu voulut que les anges adorassent dans Adam le Messie futur, Dieu et homme tout ensemble, leur rédempteur et celui de tout le genre humain. Tous le firent, excepté Satan et ceux qui le suivirent dans sa révolte. Michel leur livra alors le combat mystérieux dont il est question dans l'Apocalypse, et les mauvais anges furent précipités dans l'abîme éternel. Mahomet a rapporté cette légende dans le Coran (II, 32); mais, selon lui, ce fut simplement l'homme que Dieu voulut faire adorer aux anges. Attar donne dans le *Mantic* la raison de la désobéissance de Satan. « Ce dernier, dit-il, se doutant bien qu'Adam n'était pas fait seulement de terre, ne se courba pas, afin de voir le secret que Dieu voulait cacher aux anges, » c'est-à-dire apparemment la transmission de son souffle divin.

Cette scène est représentée dans un dessin qui se trouve dans un manuscrit du poëme persan intitulé *Majâlis uluschschâc* (les Réunions des amants *de Dieu*). On y voit les anges prosternés autour d'Adam, et Satan en observation dans un angle, mordant ses doigts d'étonnement.

« Pour former Adam, continue Attar, l'âme s'unit au corps comme la partie au tout. Jamais on ne fit un talisman plus merveilleux : cette union de l'âme élevée et du corps abject offre un mélange de vile terre et de pur esprit. Par l'assemblage de ce qui est élevé et de ce qui est bas, l'homme est le plus étonnant des mystères [1].... Bien des gens connaissent la surface de cet océan ; mais ils en ignorent la profondeur. Or il y a un trésor dans cette profondeur, et le monde visible est le talisman

---

[1] Young a dit (Nuit Ire) :

« How poor, how rich, how abject, how august,
» How complicate, how wonderful is man! »

qui en défend l'approche ; mais ce talisman se brisera enfin. Tu trouveras le trésor quand le talisman n'existera plus. L'âme se manifestera quand le corps sera mis à l'écart. Mais tu es toi-même un autre talisman, tu es pour ce mystère une autre substance.

» Bien des hommes se sont noyés dans cet océan sans fond [1], et il n'a plus été question d'aucun d'eux. Dans cet immense océan, le monde est un atome et l'atome un monde. J'ai joué ma vie, mon esprit, mon cœur, ma religion, pour comprendre la perfection d'un atome.

» Ceux qui, avant nous, ont cherché péniblement à pénétrer ces mystères, n'ont obtenu pour résultat que le découragement et la stupéfaction.

» Vois d'abord ce qui est arrivé à Adam ; vois combien d'années il a passées dans le deuil *occupé de ces pensées*. Contemple le déluge de Noé et tout ce que ce patriarche souffrit pendant mille ans de la part des impies. Vois Abraham qui était plein d'amour pour Dieu. Il souffre des tortures et il est jeté dans le feu [2]. Vois l'infortuné Ismaël [3] sacrifié dans le sentier de l'amour divin. Tourne-toi vers Jacob, qui devint aveugle à force de pleurer Joseph. Regarde ce dernier, admirable dans sa puissance comme dans l'esclavage, dans le puits comme dans la prison. Regarde le malheureux Job étendu sur le seuil de sa porte, en proie aux vers et aux loups. Vois Jonas qui, égaré dans sa route, alla de la lune (*mâh*) *où les vagues l'avaient porté*, dans le ventre d'un poisson (*mâhi*), où il séjourna quelque temps. Admire Moïse dès sa naissance. Un coffre lui servit de berceau, et Pharaon l'éleva. Vois David qui s'occupait à faire des cuirasses, et qui par les soupirs de son cœur rendait le fer mou comme de la cire. Vois le roi Salomon de l'empire duquel un dive s'empara [4]. Vois Zacharie, si ardent dans l'amour de Dieu qu'il ne fit entendre aucune plainte quand on lui scia le cou. Vois Jean-Baptiste dont la tête tranchée fut mise dans un plat ; contemple Christ [5] au pied du gibet lorsqu'il s'échappa à plusieurs reprises des mains des Juifs. Vois

---

[1] C'est en effet le cas de dire avec saint Paul (Rom. XII, 3) : « Non plus sapere quam oportet sapere, sed sapere ad sobrietatem. » Et avec l'*Ecclésiaste* (I, 18) : « Qui addit scientiam, addit et laborem. »

[2] Allusion à une légende orientale connue.

[3] Allusion au sacrifice d'Abraham, dont la victime, selon les musulmans, était Ismaël et non Isaac.

[4] Les musulmans croient qu'un génie s'empara de l'anneau magique de Salomon, anneau auquel ce roi devait son pouvoir extraordinaire, et qu'il le garda pendant quarante jours, pendant lesquels il se fit passer pour Salomon.

[5] Christ est synonyme de Messie et signifie *oint ;* ainsi *Jésus* est le nom propre, et *Christ* est le titre : mais Christ peut être aussi considéré comme le nom propre du Sauveur aussi bien que Jésus, quoiqu'il soit employé en grec avec l'article, conformément aux usages de la langue. C'est ainsi qu'on dit *ad libitum* le Christ ou Christ et *in extenso* Jésus-Christ.

enfin ce que le chef des prophètes (Mahomet) a souffert d'injures et de tourments de la part des impies. »

Respirons un instant après cette longue citation, qui certes n'est pas dépourvue d'intérêt. Il me paraît inutile de donner des éclaircissements particuliers sur plusieurs indications erronées de l'auteur. Elles tiennent, ainsi que je l'ai déjà fait observer, à des légendes rabbiniques adoptées par les musulmans. Quant à ce que l'auteur dit en dernier lieu de Jésus-Christ, c'est conforme à la doctrine musulmane; car on lit dans le Coran que Jésus-Christ ne fut pas crucifié; mais qu'il s'échappa des mains des Juifs, qui crucifièrent un individu qui lui ressemblait en croyant le crucifier lui-même [1]. En effet, si Mahomet eût considéré Jésus-Christ comme fils de Dieu et sauveur du genre humain [2], s'il avait cru à la rédemption, il aurait prêché l'Évangile, la bonne nouvelle du salut par la foi aux mérites du Sauveur, et non une doctrine qui faisait reculer, ainsi que je l'ai déjà dit, le christianisme jusqu'au judaïsme, et lui ôtait son véritable caractère si noble et si consolant à la fois. Il lui a donc fallu, en admettant Jésus-Christ comme un prophète éminent, comme le *Verbe* et l'*Esprit* de Dieu, nier sa mort sur la croix, afin d'ôter tout motif de croire à son sacrifice expiatoire pour le genre humain. Ici encore, Mahomet n'a pas été inventeur; il a suivi l'opinion des valentiniens, qui croyaient qu'un homme de l'apparence du Sauveur lui avait été substitué dans la Passion, tandis que lui-même avait été enlevé dans le ciel [3]. Les manichéens pensaient aussi que Jésus-Christ n'était mort et ressuscité qu'en apparence. Remarquons encore, en passant, que Mahomet a puisé ses erreurs chez les hérésiarques des premiers siècles et dans les livres apocryphes de l'Ancien et du Nouveau Testament.

Continuons la lecture de l'invocation du *Mantic* :

« Tu n'es pas accessible à la science, et cependant tu n'es pas manifeste *à tout le monde*. L'avantage ou le dommage ne n'atteignent pas. Tu n'as retiré aucun avantage par Moïse, et tu n'as éprouvé aucun dommage par Pharaon. O Dieu! qui est infini comme toi? qui est, comme toi, sans limites et sans bornes?.... O toi qui es resté caché sous un voile, retire à la fin ce voile, pour que mon âme ne se consume pas *à ta recherche*.... Je suis demeuré dans l'océan du monde, entouré par le

---

[1] Voyez Coran, IV, 156, 157.

[2] Tous les efforts de Mahomet ont tendu à renverser le dogme fondamental du christianisme, la divinité du Sauveur. Il est facile de s'en convaincre par la lecture la plus superficielle du *Coran*.

[3] Je ne parle pas de l'Évangile apocryphe de saint Barnabé, où il est dit que Dieu permit que Judas eût l'apparence du Sauveur et comme tel fût crucifié à sa place. Cet Évangile n'est connu que par une traduction italienne du quinzième siècle, et comme on n'a pas l'original, on peut penser qu'il n'a jamais existé. Dans tous les cas, il serait de fabrique rabbinico-musulmane. Voyez, à ce sujet, Fabricius, *Codicis apocryphi Novi Testamenti pars tertia*, p. 377.

firmament.... 'Ah! retire ton serviteur de cette mer qui lui est étrangère; tu m'y as précipité toi-même, retire-m'en.... Les hommes te craignent, mais pour moi je me crains moi-même; car le bien vient de toi et le mal de moi. »

Cette dernière pensée est tout à fait chrétienne, mais elle se trouve dans le Coran, car il y a textuellement : « Le bien qui t'arrive vient de Dieu et le mal vient de toi-même [1]. » On aime à la voir exprimée par un sofi dont la doctrine enseigne l'indifférence du bien et du mal en l'attribuant à Dieu lui-même.

« O mon Créateur, depuis que je suis entré dans ta voie j'ai mangé ton pain sur ta table. Lorsque quelqu'un mange le pain d'un autre il en est reconnaissant. N'aurais-je donc pas de gratitude envers toi, qui possèdes des millions d'océans de bonté et dont le pain m'a nourri si copieusement!.... En proportion des péchés innombrables que j'ai commis, par une négligence coupable, tu m'as gratifié de tes abondantes miséricordes. O mon Roi, tourne tes regards vers moi qui suis pauvre et indigent. Ne considère pas mes fautes passées. Pardonne-moi les fautes d'ignorance que j'ai faites. »

Cette dernière prière rappelle celle du Psalmiste : *Ignorantias meas ne memineris, Domine* [2]. Mais voici actuellement que pour s'excuser de ses fautes, Attar se jette dans la doctrine des priscillianistes et des quiétistes, c'est-à-dire dans celle de l'indifférence des actions, sous le prétexte qu'elles sont faites par le corps sans la participation de l'âme. Or cette funeste doctrine fait Dieu l'auteur du mal comme du bien. Car le corps, selon les sofis, n'étant, comme l'âme, qu'une émanation de la Divinité, en fait ainsi partie. Donc ce qu'il fait, c'est Dieu lui-même qui le fait. Le poëte va le dire d'ailleurs lui-même en propres termes. Écoutons-le :

« O mon Créateur, le bien ou le mal que j'ai fait, je l'ai fait avec mon corps. Pardonne mes faiblesses, efface mes fautes. Je suis entraîné par mes penchants et jeté par toi-même dans l'incertitude. Ainsi le bien ou le mal que je fais dérivent de toi. Sans toi je ne suis qu'une petite partie du tout : mais je deviendrai le tout, si tu daignes me regarder. »

Après avoir parlé d'une manière aussi hétérodoxe, Attar paraît en éprouver du regret, et il s'écrie :

« Ah! donne-moi la lumière islamique, anéantis en moi ma tyrannique concupiscence. Je suis un atome perdu dans l'ombre; je n'ai pas le capital de l'existence. Je suis un mendiant auprès de ta majesté comparable au soleil, et je lui demande un peu de ton éclat.... Lorsque

---

[1] Sur. IV, verset 81. — [2] Ps. XXIV, 7.

ma vie me quitte, je n'ai que toi. Ah! sois à mon dernier soupir le compagnon de mon âme!... »

La première partie de l'introduction du *Mantic,* c'est-à-dire l'invocation à Dieu, se termine ici. Elle est suivie d'abord des louanges de Mahomet. Écoutons un instant ces exagérations bien singulières dans la bouche d'Attar. Il préconise Mahomet et il sape en même temps les fondements de sa religion. On le dirait ici un zélé mahométan, si ses doctrines panthéistes ne perçaient çà et là dans ses vers.

« Mustafa (l'*élu,* c'est-à-dire Mahomet) est le trésor de la fidélité, le seigneur du monde spirituel et du monde temporel, la pleine lune et le centre de ces deux mondes, le soleil de la loi et l'océan de la certitude, la lumière de l'univers, *la miséricorde de Dieu pour les créatures* [1]. L'âme des êtres les plus purs est la poussière de son âme, il est le libérateur de l'âme, et la création entière est sa poussière. Il est le seigneur des deux mondes et le roi de l'univers, le soleil de l'esprit et de la foi. Il est monté aux cieux [2]; il est le roi des créatures, l'ombre de Dieu, le représentant du soleil de l'essence divine.... Il est le plus grand et le premier [3] des prophètes, celui qui dirige les purs et les saints, le guide de l'islamisme, le conducteur dans les droits sentiers, celui qui décide des choses obscures, l'imâm de tous et de chacun en particulier [4].... Ce fut pour lui-même que Dieu créa cette âme immaculée et pour elle qu'il créa le monde [5].... Ce ne fut qu'après que cette lumière (Mahomet) eut paru [6] que le trône et le dais célestes, la tablette des décrets divins et le *calam* se montrèrent. Le monde fut une manifestation de cette lumière, ainsi que l'humanité en Adam. »

On vient de voir Attar reconnaître, malgré son panthéisme, une véri-

[1] Paroles du *Coran,* XI, 107. Le mot que je rends par *créatures* est *alamin.* Il signifie proprement, ainsi que l'a fait observer feu S. de Sacy dans un article du *Journal As.*, en 1829, les *différentes catégories des êtres.* L'expression de *siècle* dans le passage de saint Paul (Héb., I, 2), *per quem fecit et secula*, a, je pense, le même sens, et non celui de véritable monde, comme l'a cru le docteur aujourd'hui cardinal Wiseman, cinquième Discours.

[2] L'auteur veut parler du mirâj ou ascension miraculeuse de Mahomet au ciel. (Conf. *Coran,* LXXe surate.) Cette ascension fait le sujet d'un dessin qui orne un beau manuscrit du *Mantic,* dont je dois la communication à M. Nathaniel Bland. Ce dessin représente Mahomet monté sur le *Borac* (cheval à figure de femme). Le faux prophète a le visage voilé et entouré d'une auréole. On voit à ses côtés des anges ailés qui lui offrent des fruits.

[3] On le nomme aussi « le sceau des prophètes, » c'est-à-dire « le dernier ». N.-S. Jésus-Christ a employé, en parlant de lui-même, mais dans un sens différent, cette dernière expression (Év. de saint Jean, VI, 27) : *Hunc Pater signavit Deus.* (« C'est lui que Dieu le Père a marqué de son sceau. »

[4] A l'imitation de N.-S. Jésus-Christ, Mahomet voulut avoir douze apôtres ou *naquîb* pour prêcher la religion nouvelle.

[5] Il y a ici une allusion à un hadis que j'ai eu l'occasion de mentionner dans les *Aventures de Kâmrûp* et dans les *OEuvres de Wali.* « Si ce n'était toi, je (c'est Dieu qui parle) n'aurais pas créé les sphères célestes. » — [6] A la lettre : « Eut planté son étendard. »

table création, telle que la Bible nous l'enseigne, et non l'émanation ou l'expansion qu'annonce la doctrine des sofis. Nous devons nous habituer à ces contradictions, à cet amalgame de vérité et d'erreur.

Attar continue, dans les lignes suivantes, à parler comme un vrai mahométan. Il mentionne le dogme de l'intercession de Mahomet, dogme par lequel le Coran a voulu compenser celui de la rédemption. Les musulmans se servent à ce sujet des propres expressions des livres saints. Ils disent que Mahomet s'est chargé des péchés de sa nation, qu'il s'est fait victime de propitiation pour elle [1].

« Le jour de la résurrection, dit Attar, ne sera pas à redouter pour la poignée de terre (la portion des créatures) dont Mahomet pourra dire à Dieu : « Ceci est mon peuple. » Cette parole sera toute-puissante. Dieu, en effet, à cause de ce flambeau de la direction, accordera à ce peuple la rédemption *des peines de l'enfer*...

» Quelqu'un pourrait-il avoir, même en songe, une idée des prérogatives du Prophète?... Dieu lui a ordonné d'inviter à l'*islamisme* les grands et les petits ; il l'a comblé de la plénitude de sa grâce...

» Mahomet est devenu par sa majesté et sa dignité l'objet des deux *quiblas;* et l'ombre de son corps (dont jamais on n'aperçut l'ombre) s'est étendue sur les deux horizons. Ce fut de Dieu qu'il reçut un livre excellent, et ce fut par lui qu'il connut toute chose... A cause de la considération que le Très-Haut a eue pour Mahomet, il l'a nommé dans le Pentateuque et dans l'Évangile.

On sait déjà ce qu'il faut entendre par la *quibla*. L'auteur, en disant que Mahomet est l'objet des deux quiblas de Jérusalem et de la Mecque, veut indiquer la puissance de son intercession auprès de Dieu. Plus loin il parle de son tombeau, qui est devenu une troisième quibla par suite du respect qu'on lui porte.

L'allusion qu'Attar fait à l'ombre de Mahomet tient à l'idée des musulmans que le corps de Mahomet était glorieux et ne projetait pas d'ombre.

J'ai donné en tête de mon *Eucologe musulman* les passages de l'Ancien et du Nouveau Testament que les mahométans appliquent à Mahomet et à sa mission. Le passage du Pentateuque où se trouve la prétendue mention de Mahomet est celui du Deutéronome, XXIII, 18 : « Je leur susciterai du milieu de leurs frères un prophète semblable à toi ; je lui mettrai mes paroles dans la bouche, et il leur dira tout ce que je lui ordonnerai. » Dans ce passage, les musulmans entendent par l'expression *leurs frères* les frères des Israélites, c'est-à-dire les Ismaélites ou les Arabes. Mais il ne s'agit pas ici de ces derniers. L'expression *leurs frères* (les frères

---

[1] Conf. Évang. de saint Jean, I, 29, et IIe Épît. de saint Jean, II, 2.

des Israélites) est usitée dans la Bible pour signifier les Israélites eux-mêmes.

Quant au passage de l'Évangile auquel il est fait allusion, c'est celui de l'Évangile de saint Jean, xiv, 26 : Le consolateur, le Saint-Esprit que *mon* Père enverra en mon nom, vous enseignera toute chose, et vous fera ressouvenir de ce que je vous ai dit. »

Or dans ce texte les mots τὸ Πνεῦμα τὸ ἅγιον ne sauraient s'appliquer à un homme, mais au Saint-Esprit seul; et c'est en vain que les musulmans ont eu recours à la subtilité de lire περικλυτός, *loué,* synonyme du nom de Mahomet (*Muhammad* ou plutôt *Ahmad,* comme on le nomme aussi), au lieu de παράκλητος, *consolateur.* Cette interpolation se trouve aussi dans le prétendu Évangile de saint Barnabé [1].

Écoutons encore quelque chose des louanges exagérées et hyperboliques qu'Attâr donne à Mahomet :

« Au milieu de ses deux épaules, aussi brillantes que le soleil, se voyait manifestement le cachet de la prophétie [2]. Il a été le guide des *hommes* dans le meilleur des pays, et le meilleur des hommes dans la meilleure des tribus. Par lui, la Caaba est devenue la maison de Dieu et un lieu de sûreté pour celui qui y entre. Gabriel a reçu de Mahomet le manteau de l'initiation, et c'est par là qu'il fut célèbre [3].

» Lorsque Dieu prend à part son ami (Mahomet) pour un colloque mystérieux, Gabriel n'y est pas admis; car il se brûlerait les ailes. Quand le Simorg de l'essence divine se montre, Moïse devient aussi craintif que la bergeronnette [4]. Ce prophète alla cependant s'asseoir sur le tapis de cette majesté, mais après avoir reçu l'ordre de Dieu d'ôter sa chaussure [5]..... Admirez la faveur de Dieu envers le noble serviteur de sa cour (Mahomet). Il en fit l'homme de sa voie, il le laissa arriver jusqu'à lui avec sa chaussure. Lorsque Moïse, fils d'Amram, fut témoin de la faveur dont jouissait ce serviteur de Dieu, il dit : O Seigneur, admets-moi dans sa nation, fais que je participe au banquet de son élévation! Mais ce fut en vain que Moïse demanda cette faveur; elle ne fut accordée qu'à Jésus... Cependant le Christ, qui a acquis une si grande célébrité, ne fut qu'une éphélide du visage de Mahomet : Dieu s'en servit pour faire connaître le nom du prophète [6]. »

---

[1] Fabricius, *Codicis apocryphi Novi Testamenti pars tertia,* p. 367.
[2] Les musulmans croient que tous les prophètes ont eu ce signe visible de leur mission divine.
[3] On sait que ce fut l'ange Gabriel, que Mahomet paraît confondre avec l'esprit de Dieu ou le Saint-Esprit, qui, d'après le *Coran* même, fut l'intermédiaire de Dieu auprès de Mahomet. Attar, par une hyperbole orientale et un excès d'enthousiasme envers son prophète, semble supposer le contraire. — [4] Voyez plus loin le motif de ce rapprochement.
[5] Conf. *Coran,* xx, 12, et Exode, iii, 5.
[6] Allusion au texte de saint Jean déjà cité.

Remarquons d'abord ici que les musulmans placent Jésus-Christ bien au-dessus de Moïse; mais, dans leur aveuglement, ils prétendent que le Sauveur était musulman, et que le but de sa mission n'était que de prêcher par avance l'islamisme que Mahomet, annoncé, selon eux, par lui, ainsi que nous venons de le voir, devait proclamer définitivement, en terminant la série des prophètes envoyés de Dieu aux hommes.

Mais nous n'avons pas encore épuisé le chapitre de l'éloge de Mahomet. Voici quelques-unes des hyperboles qu'on y trouve et que je dois citer pour leur singularité.

« Le soleil est le commensal de ton sourire ; le nuage, de tes pleurs ; les deux mondes sont la poussière de tes pieds. Tu te contentais de dormir sur un tapis de derviche, toi que rien ne peut contenir... Toute loi a été abrogée par la tienne. Ta loi et tes ordonnances sont pour l'éternité; ton nom est associé à celui de Dieu... Tu es à la fois avant et après le monde, tu es en même temps antérieur et postérieur. Personne ne parvient à ta poussière [1], personne n'arrive à ta dignité. Dieu a départi pour l'éternité l'empire des deux mondes à Mahomet, son envoyé. »

Enfin l'auteur adresse de véritables prières à Mahomet, et il lui demande son intercession avant de commencer le récit qui fait le sujet de son livre, si peu conforme cependant à l'orthodoxie musulmane.

« O prophète de Dieu, dit Attar, je suis découragé, je suis resté la main pleine de vent et la tête couverte de poussière. J'ai perdu ma vie par mes fautes; mais je me repens; implore de Dieu mon pardon. Quoique je craigne la sentence du Coran, « ne te livre pas à la confiance [2] », cependant je lis aussi dans ce livre sacré les mots « ne désespère pas [3] »... O toi qui es le médiateur de cette malheureuse poignée de terre, allume avec bienveillance la lampe de l'intercession, afin que, pareil au papillon, je vienne agiter, au milieu de ton assemblée, mes ailes devant ton flambeau.

» O essence élevée, ce que je désire, c'est que tu veuilles bien, dans ta bonté, jeter un regard sur moi, et que par ce regard tu anéantisses pour toujours *mon existence séparée*. Purifie-moi de toutes les pensées qui m'agitent et des vanités, ô essence pure ! Ne noircis pas mon visage par le péché, aie égard à ce que je porte ton nom [4]. »

Je laisse la suite de cette prière, parce qu'elle est déjà connue par la traduction qu'en a donnée feu l'illustre de Sacy dans son *Pend nâmeh* (p. 188), et je néglige aussi les louanges des premiers khalifes : Abubekr, Omar, Osman et Ali; car Attar ne donne sur ces personnages aucun

---

[1] C'est-à-dire : « Ne t'atteint pas même de loin. » — [2] xii, 11. — [3] xii, 87.
[4] Ainsi qu'on l'a vu au commencement de ce Mémoire, Muhammad était le prénom d'Attar.

détail qui ne soit déjà connu. Je citerai cependant sur Ali un court passage qui semblerait annoncer qu'Attar était schiite, tandis qu'il était sunnite, ainsi qu'on le verra plus loin. Ici en effet, conformément au langage des admirateurs d'Ali, Attar lui donne le titre d'*âme de Dieu*, titre qui équivaut à celui d'*Esprit de Dieu* qui est donné au Sauveur dans le Coran. Écoutons Attar :

« Comme Ali est le confident particulier des secrets de Dieu, on ne peut éprouver aucun doute sur sa science éminente. D'après une sentence de Mahomet, Ali connaît Dieu comme il doit être connu ; que dis-je, il fait partie de l'essence divine. Si quelqu'un a été ressuscité par le souffle de Jésus, Ali, par une parole, a restauré dans son état premier une main qui avait été coupée »...

Après ces chapitres accessoires à l'invocation, vient un dernier chapitre au sujet des discussions des schiites et des sunnites, c'est-à-dire des orthodoxes et des hétérodoxes musulmans, sur la question de savoir si les premiers khalifes ont été légitimes ou usurpateurs du pouvoir spirituel et temporel, et si Ali était le successeur légitime de Mahomet. Attar se prononce pour la première opinion et se montre zélé sunnite. Les avis qui terminent ce chapitre rappellent ceux que l'admirable auteur de l'Imitation donnait aux religieux de son temps sur les discussions qui avaient lieu entre eux au sujet du plus ou du moins de mérite des fondateurs de leurs ordres respectifs [1]. Laissons parler Attar :

« Tu connais, ô mon fils, Ali et Abubekr, et tu ignores Dieu, ton esprit, ton âme... Ne décide rien, raccourcis ta langue, sois sans fanatisme, et occupe-toi de suivre la voie spirituelle. Mets devant tes yeux ce que les premiers khalifes ont fait ; marche paisiblement et suis ton chemin. Place le pied dans la vérité, comme Abubekr ; choisis la justice, comme Omar. Comme Osman, agis avec douceur et modestie ; et comme Ali, sois un océan de bonté et de science. Es-tu un homme de sincérité et de science *comme Ali ?* Non, tu es un homme de concupiscence, tu croupis dans l'infidélité. Détruis donc d'abord ton âme infidèle, sois croyant, et lorsque tu auras fait périr cette âme concupiscente, aie confiance...

» O Dieu ! ce fanatisme *au sujet des premiers khalifes* n'est pas en moi ; mais préserve-m'en pour toujours. Purifies-en mon âme ; fais qu'il ne souille pas le livre de mes actions ! »

C'est ainsi que se terminent l'invocation du *Mantic uttaïr* et les pièces de vers qui s'y rattachent.

Attar va s'occuper actuellement des personnages de son poëme, c'est-

---

[1] Liv. III, chap. LVIII, v. 2.

à-dire de ces oiseaux emblèmes de l'homme, offrant comme lui un funeste mélange de vertus et de vices.

Avant tout, il met en scène les principaux acteurs de son drame : la huppe, la bergeronnette, la perruche, la perdrix, le faucon sauvage et le faucon privé, la caille, le rossignol, le paon, le faisan, la tourterelle, la colombe. Il les interpelle, il les engage à renoncer à leur passion dominante et à s'occuper de la seule chose nécessaire [1].

Six de ces oiseaux figurent dans l'ouvrage de Mucaddéci. C'est à savoir : la huppe, la perruche, le faucon de chasse, le rossignol, le paon, la colombe. Nous verrons ensuite paraître dans le *Mantic* deux autres oiseaux mentionnés aussi dans Mucaddéci : le canard et le hibou.

La chauve-souris (*khaffâsch*), cet oiseau, si toutefois on peut lui donner ce nom, qui est l'objet d'une des allégories les plus remarquables de Mucaddéci, est aussi dans le *Mantic* le sujet d'une intéressante parabole. Privée de la vue du soleil, elle veut aller à sa recherche; mais, pareille à l'homme qui n'a pour guide que les incertitudes de la philosophie humaine, elle s'égare dans sa route, elle perd ses ailes; son corps se dissout, son âme s'anéantit, et elle ne peut parvenir à l'objet de sa recherche.

Enfin, Attar introduit encore plus loin deux nouveaux oiseaux, qui ne sont cités ni ici, ni dans Mucaddéci. Ce sont le humaï et le héron.

Trois oiseaux mis en scène dans Mucaddéci ne sont pas mentionnés par Attar. Ce sont l'hirondelle, le coq et le corbeau.

Ceux qui prennent nominalement part au *langage des oiseaux* sont donc au nombre de seize. Dans une jolie vignette, d'une admirable exactitude de dessin, qui orne un manuscrit illustré de M. Nathaniel Bland, on trouve la représentation de onze oiseaux du *Mantic*, et on reconnaît facilement dans ces figures la huppe, la bergeronnette, deux perruches, la perdrix, la caille, le rossignol, le paon, le faisan, le canard et le héron.

Attar s'adresse d'abord à la huppe; il lui rappelle qu'elle a été le guide de Salomon auprès de la reine Balkis à Saba, qu'elle a tenu avec lui un *langage d'oiseaux* (*mantic uttaïr*), par allusion au titre du poëme que j'analyse, et à la connaissance qu'attribue le Coran à Salomon du langage des oiseaux; qu'elle a été sa confidente, qu'elle a mérité par là la couronne qui orne sa tête; qu'ainsi elle doit plus que tout autre oiseau tenir dans les fers le démon qui voudrait la détourner de la voie spirituelle.

Puis vient la bergeronnette, dont le nom persan, *mûcicha*, qui semble

[1] Conf. Évangile de saint Luc, x, 42.

signifier *petit Moïse*, donne à Attar l'occasion de rappeler ce prophète législateur et de faire un jeu de mots avec le *chalumeau*, en persan *mûcichâr*, qui rappelle le chant de la bergeronnette.

La perruche, *tûtî*, arrive à son tour avec sa belle robe verte, qui, selon Attar, rappelle le *ciel* [1], et son collier rouge comme le feu de l'*enfer*.

Le poëte interpelle ensuite la perdrix, *kabk*, qui, dit-il, se balance gracieusement dans sa marche sur la montagne de la connaissance spirituelle. Il l'engage à frapper à la porte de Dieu après avoir abaissé la montagne de ses inclinations vicieuses.

Attar se tourne ensuite vers le faucon royal, qu'il nomme *nek bâz* ou *bon faucon* [2], c'est-à-dire le *faucon libre*, et qu'il distingue du faucon dressé pour la chasse, oiseau qu'il mentionne plus bas et qu'il nomme simplement *bâz* [3]. Il lui demande jusqu'à quand il sera violent et brutal. Il l'engage à attacher à sa patte, au lieu du cordon de l'esclavage, le billet de l'amour éternel de Dieu, et de ne l'en détacher jamais. Le poëte recommande enfin au faucon d'entrer dans la caverne de l'unité pour y rencontrer le plus éminent des hommes, c'est-à-dire Mahomet. Ce dernier avis a rapport à une circonstance de la fuite, ou hégire, du faux prophète de la Mecque à Médine. Mahomet fut en effet obligé de se réfugier dans une grotte avec son beau-père, Abubekr, circonstance que l'imagination orientale a embellie d'accessoires merveilleux pareils à ceux d'une aventure semblable arrivée à saint Félix de Nole.

Vient maintenant la caille [4], dont le nom persan, *darrâj*, amène un jeu de mots avec l'ascension ou *mirâj* de Mahomet. Attar engage cet oiseau à faire périr son âme concupiscente, qu'il compare à l'âne qui servit de monture à Jésus, afin de trouver l'*Esprit de Dieu*, c'est-à-dire le Christ ou le Messie; car Mahomet, dans le Coran, comme Tertullien dans son Apologétique, donne alternativement au Sauveur les deux noms d'*Esprit de Dieu* et de *Verbe de Dieu*.

Attar s'adresse actuellement au rossignol, à l'oiseau de l'amour, dont le gosier harmonieux rivalise avec celui de David, prophète et roi, célèbre, dit le poëte, par la composition et le chant des psaumes. Il l'en-

---

[1] Les Persans disent que le ciel est vert. Il leur paraît avoir cette nuance par un effet particulier d'optique. Attar fait peut-être aussi allusion à la couleur des vêtements des habitants du paradis.

[2] La version hindoustanie rend cette expression par *schâh baz* « faucon royal », qu'on appelle en arabe *schâhin* « le royal ».

[3] Ainsi que je l'ai déjà dit ailleurs, notre mot français *buse* paraît dériver du mot persan *bâz*.

[4] Shakspear traduit le mot *darrâj* par *a partridge;* Golius, car c'est un mot arabe, par *attagen* vulgo *francolium;* mais je pense qu'il s'agit ici de la *caille*, et le dessin qui, dans le manuscrit illustré de M. Bland, représente les principaux oiseaux mis en scène par Attar, me confirme dans cette idée.

gage à exciter les hommes à entrer dans la voie spirituelle : « Assez longtemps, lui dit-il, tu as tissé, à l'imitation de David, une cotte de mailles pour ton âme vile. Aujourd'hui rends, à son exemple, le fer de ton cœur mou comme de la cire, et deviens aussi fervent que ce prince. »

Les deux vers dont je viens de donner la traduction rappellent une légende rabbinico-musulmane à laquelle il a été déjà fait allusion plus haut, légende d'après laquelle David s'occupait à faire des cuirasses dont le fer s'amollissait miraculeusement sous ses doigts. Les saints personnages, quelque élevée qu'ait été leur dignité, disent les musulmans, se sont fait un devoir de vivre du travail de leurs mains. Selon eux, David faisait des cuirasses et Salomon des corbeilles d'osier. On sait, au surplus, que saint Paul, qui aurait pu se passer de travailler, employait ses moments de loisir à faire des tentes.

Au rossignol succède le paon. L'allocution d'Attar roule encore sur une légende rabbinico-musulmane d'après laquelle ce serait le paon qui aurait introduit dans le paradis terrestre à *huit* portes, Satan sous la forme d'un serpent à *sept* têtes. Mucaddéci, dans l'allégorie du paon, fait aussi allusion à la même légende. Attar dit, comme Mucaddéci, que la compagnie du serpent a fait sortir le paon de l'Éden et l'a privé du Sidra et du Tûba (les deux arbres du paradis). Il engage le noble oiseau à tuer ce serpent immonde, pour avoir part aux secrets spirituels et rentrer avec Adam dans le paradis.

Le faisan, *tazarv*, qui se distingue par sa vue pénétrante, reçoit d'Attar le reproche d'être resté dans un puits ténébreux en proie à l'incertitude. Le poëte l'excite à sortir comme Joseph de la prison de ce puits, afin de devenir roi dans l'Égypte du bonheur.

Attar blâme aussi la tourterelle, *cumrí*, de languir dans un étroit cachot, comme Jonas dans le ventre de la baleine. Il l'engage à couper la tête de ce poisson, *mâhi*, du mauvais vouloir, afin de pouvoir toucher de son front la lune, *mâh* [1]. Si la tourterelle, ajoute-t-il, se sauve du poisson de sa propre âme, elle partagera le bonheur de Jonas.

Attar s'adresse ensuite à la colombe, *fakhita*. Il lui demande de roucouler gracieusement, afin qu'il répande sur elle les perles brillantes de son éloquence. Il lui dit que puisque son cou est orné du collier de la fidélité [2], il ne lui siérait pas d'agir avec déloyauté. Il l'engage à entrer

---

[1] Cette expression rappelle celle d'Horace souvent citée :

Sublimi feriar sidera vertice.

[2] Conf. *les Oiseaux et les Fleurs, Allégorie de la Colombe*, et l'ouvrage de Sabbagh intitulé *la Colombe messagère*. Voyez aussi le *Voyage en Syrie et en Égypte* de Volney, t. Ier, p. 271 et suiv., et t. II, p. 51 et suiv.

dans le chemin du sens spirituel, l'assurant que Khizr (le prophète Élie) lui apportera l'eau de la vie.

Enfin Attar interpelle le faucon dressé pour la chasse. Son état de domesticité lui fournit la matière d'une double allusion, d'abord à la soumission dans laquelle il doit être envers Dieu, et, en second lieu, au détachement qu'il doit avoir pour le monde, qu'Attar compare avec mépris à un animal mort. Il termine en prêchant, d'après son usage, l'indifférence à la religion positive. Il recommande au faucon de laisser à la fois le monde présent et le monde futur, d'ôter son chaperon et de regarder librement, pour mériter de reposer sur la main d'Alexandre, que les musulmans considèrent comme un roi missionnaire qui étendit par ses armes le vrai culte de Dieu.

Cette indifférence religieuse pour tout autre dogme qui n'est pas l'unité divine tient au surplus à l'essence de l'islamisme. Les musulmans sont tolérants pour tout le reste ; ils parlent avec autant de respect de Zoroastre et de Brahma, de Locman et d'Alexandre le Grand, que des personnages sacrés de la Bible. C'est ainsi que les musulmans de l'Inde rendent un culte égal à leurs saints Muïn uddin et Ma'çûd Gâzi, et aux saints hindous Kabir et Ramanand [1].

L'auteur du Dabistan [2] cite un sofi indien (Sabjânî) qui faisait avec autant de ferveur le *pouja* (adoration) et le *dandawat* (prosternation) dans les pagodes, que les prières musulmanes dans les mosquées. Nous avons vu du reste à Paris, il y a une trentaine d'années, un brahmane célèbre [3] fréquenter indifféremment l'église catholique ou protestante et la synagogue.

Attar termine cette revue des principaux acteurs de son drame par une espèce de calembour qui doit charmer sans doute les lecteurs persans. Il s'adresse à l'*oiseau doré*, mais cette expression est figurée et signifie le *soleil*. « Consume par ta chaleur, lui dit-il, tout ce qui est créé, jusqu'à l'essence de l'âme, afin qu'il n'y ait plus pour toi d'existence distincte de Dieu. Alors, dès que tu auras connu les secrets divins et que tu seras devenu un *oiseau* parfait, tu n'existeras plus toi-même, mais Dieu seul restera. » C'est par ce trait panthéiste qu'Attar termine ce qu'on peut appeler son premier chant.

Actuellement qu'il a fait connaître au lecteur les principaux acteurs qu'il veut mettre en scène, il entame le récit qui fait l'objet de son poëme. Je préfère le laisser parler un instant lui-même :

« Les oiseaux du monde se réunirent tous, dit-il, tant ceux qui nous

---

[1] Voyez mon *Mémoire sur la religion musulmane dans l'Inde*.
[2] Voyez la traduction du cap. Troyer, t. III, p. 300. — [3] Ram Mohan Roy.

sont connus que ceux qui nous sont inconnus, et ils tinrent entre eux ce langage : « Il n'y a pas dans le monde de pays sans roi ; mais comment se fait-il cependant que la nation des oiseaux en soit privée? Il ne faut pas que cet état de choses dure plus longtemps. Nous devons joindre nos efforts et aller à la recherche d'un roi.

» Les oiseaux se réunirent donc pour s'occuper de cette affaire importante. La huppe tout émue s'avança la première au milieu de l'assemblée. Elle avait sur la poitrine l'ornement qui témoignait qu'elle était entrée dans la voie spirituelle [1], et sur la tête la couronne de la vérité.

» Chers oiseaux, dit-elle, je suis réellement enrôlée dans la milice céleste, et messager du monde invisible. Je connais Dieu et les secrets de la création. Quand on porte, comme moi, écrit sur son bec le nom de Dieu, on doit nécessairement avoir l'intelligence de beaucoup de secrets. »

La huppe continue à vanter ses qualités non-seulement spirituelles mais physiques. Elle dit entre autres choses qu'elle devine instinctivement les sources d'eau. Puis elle rappelle ses relations avec Salomon, ses entretiens avec ce grand prince, le rôle d'avant-coureur de son armée qu'elle a rempli et de messager chargé de ses lettres. Elle se flatte d'avoir parcouru, au temps du déluge, la surface du globe et d'avoir accompagné Salomon dans ses voyages par monts et par vaux, par terre et par mer. Mucaddéci s'exprime à peu près comme Attar sur le compte de la huppe. Ce langage uniforme est fondé sur une légende rabbinico-musulmane dont j'ai déjà parlé.

« Je connais bien mon roi, continue la huppe ; mais je ne puis aller le trouver toute seule. Si vous voulez m'accompagner, je vous donnerai accès à sa cour. Mais vous devez laisser toute présomption, toute crainte et toute incrédulité. Celui qui joue sa vie pour entrer dans cette voie est délivré du bien et du mal. Soyez donc généreux de votre vie et placez le pied dans ce chemin, pour poser ensuite le front sur le seuil de la porte du palais de ce roi légitime qui réside derrière le mont Câf. Son nom est *Sîmorg,* il est le roi des oiseaux. Il est près de nous et nous en sommes éloignés [2], et il ne saurait être célébré par une langue humaine. Il a devant lui des milliers de voiles de lumière et d'obscurité. Dans les deux mondes il n'y a personne qui puisse lui disputer son empire. Il est le roi

---

[1] C'est, je pense, une allusion aux mots *Allah akbar* ou à toute autre sentence brodée sur le gilet des sofis. Voy. mon *Mémoire sur les vêtements à inscriptions* dans le *Journal As.* 1838.

[2] C'est-à-dire, je crois, qu'il n'a pas de lieu fixe pour se manifester. Il est partout et nulle part, comme les musulmans le disent de Dieu dans leurs catéchismes les plus orthodoxes. (Conf. Actes, xvii, 27.)

par excellence; il est parfait dans sa majesté. Il ne se manifeste pas complétement, même au lieu de son séjour : et cependant ni la science ni l'intelligence ne peuvent y atteindre. Là des milliers de têtes sont comme des boules *du mail;* on n'y entend que des exclamations et des soupirs. On trouve tour à tour dans ce chemin l'eau et la terre ferme, et on ne saurait se faire une idée de son étendue. Il faut un homme à cœur de lion pour parcourir cette voie extraordinaire, car la route est longue et la mer profonde. »

C'est ainsi que la huppe parle du *sîmorg*[1], de cet oiseau fantastique, emblème de Dieu. Or, le *sîmorg* des Persans est le même animal mystérieux que le *'anka* des Arabes et le griffon du moyen âge. C'est un oiseau dont tout le monde parle, disent les Arabes, et que personne ne vit jamais : *il est connu de nom et inconnu de corps.* De là son nom est synonyme d'*inouï, introuvable.* Mucaddéci ne lui assigne pas le même séjour qu'Attar. Selon lui, il habite une des îles de la mer. Or, par les îles de la mer, il faut entendre les îles, les presqu'îles[2], et même les ports d'Europe. Dans la Bible, l'expression *les îles des nations* ou *de la mer* a la même signification (Isaïe, XI; Ézéch., XXVIII, 3; II Mach., VI, 29; XIV, 5).

Le 'anka est aussi représenté comme le roi des animaux dans le *Tuhfat ikhwân ussafâ,* et son nom se donne quelquefois par métaphore à l'objet d'un amour humain. Il en est aussi fait mention dans le *Livre des Rois* de Firdauci comme du gardien de Zal, père de Rustam, et les naturalistes orientaux disent qu'il a le volume de trente oiseaux, qu'il est unique, doué d'intelligence et de la parole, et qu'il a existé avant Adam.

Un dessin original, fait dans l'Inde, représente cet oiseau merveilleux les ailes étendues comme s'il fondait sur une proie. Il a une sorte de huppe ou de crête sur la tête, des plumes qui pendent sous son bec, et trois longues queues.

Attar, continuant son récit, nous apprend que les oiseaux, excités par la huppe, acceptent Sîmorg pour souverain, et se décident à partir pour le lointain pays où il réside. Toutefois leurs mauvais penchants les retiennent encore, et, au moment de se mettre en route, chacun d'eux vient alléguer des prétextes pour rester. Ces prétextes prennent leur source dans une passion dominante, dans un vice particulier. C'est ainsi que chaque oiseau représente un des défauts ou des péchés capitaux que les théologiens mettent au nombre de sept. En faisant attention

---

[1] Il n'y a pas d'article en persan; mais j'ai souvent ajouté l'article au mot *sîmorg* à cause de l'étymologie; d'autres fois je l'ai employé sans article, le considérant comme nom propre.

[2] Le mot arabe *jazîra,* au pluriel *jazâïr,* dont nous avons fait *Alger,* signifie, comme le mot grec νῆσος, *île* et *presqu'île.*

à l'analyse que je vais donner des discours des différents oiseaux et des réponses de la huppe, on s'assurera qu'en effet le *humaï* représente l'*orgueil;* la *perdrix*, l'*avarice;* le *rossignol*, la *luxure;* le *paon*, l'*envie;* la *perruche*, la *gourmandise;* le *faucon*, la *colère;* le *canard*, la *paresse*. N'oublions pas que ces oiseaux ne sont autre chose que les hommes, avec leur indifférence pour les choses spirituelles et leur entraînement pour tout ce qui est visible et temporel.

Le premier oiseau qu'Attar fait parler, c'est le rossignol. Il s'avance, dit le poëte, « exprimant un sens par chacune de ses mille modulations : et ces sens renferment un monde de secrets ». Or, voici le discours que lui fait tenir le poëte :

« Les secrets de l'amour, dit-il, me sont connus. Toute la nuit j'en répète les chants. C'est à l'imitation de mes accents que la flûte gémit, et que le luth semble faire entendre des plaintes. Je mets en émoi les parterres de roses aussi bien que le cœur des amants. J'enseigne sans cesse de nouveaux mystères. A chaque instant je répète de nouveaux chants de tristesse.... Quiconque m'écoute perd la raison; il est hors de lui, quelque empire qu'il garde ordinairement sur lui-même. Si je suis privé pendant longtemps de la vue de ma bien-aimée *rose,* je me désole et je cesse mes chants. Lorsqu'elle répand dans le monde, à l'époque du printemps, son odeur suave, je lui ouvre gaiement mon cœur, et par son heureux horoscope je fais trêve à d'amères plaintes. Mais le rossignol se tait lorsque sa bien-aimée ne se montre pas. Mes secrets ne sont pas connus de tout le monde : la rose seule les sait. Entièrement plongé dans son amour, cet unique sentiment m'anime, et je ne songe pas à ma propre existence. Je ne désire pour moi que la rose vermeille. Atteindre à Sîmorg est au-dessus de mes forces, l'amour de la rose suffit au rossignol. Elle fleurit pour moi avec ses cent feuilles; comment ne serais-je pas heureux? La rose s'épanouit pleine de désirs pour moi, et elle me sourit joyeusement. Le rossignol pourrait-il rester une seule nuit privé de l'amour d'un objet si séduisant? »

C'est ainsi que s'exprime le rossignol. Dans sa réponse, la huppe lui reproche son attachement à la beauté passagère de la rose. Elle lui en signale les défauts et l'engage à préférer l'éternelle beauté.

« O toi, lui dit-elle, qui es resté en arrière, occupé de la forme extérieure des choses, cesse de te complaire dans un attachement qui te séduit. L'amour de la rose a enfoncé dans ton cœur bien des épines; il a agi sur toi, et il t'a dominé. La rose est belle, il est vrai, mais sa beauté disparaît en quelques jours. Or, l'amour d'un objet qui dure si peu doit déplaire aux gens parfaits. Si la gracieuse apparence de la rose excite tes désirs, c'est pour t'attirer nuit et jour dans les plaintes et les gémissements. Laisse donc la rose : car, *rougis* de honte! elle se *rit* de toi à chaque nouveau printemps, mais elle ne te *sourit* pas. »

A peine la huppe a-t-elle fait cette réponse au rossignol, que la perruche arrive à son tour, « un morceau de sucre au bec, dit Attar, vêtue de vert comme la pistache, et ornée d'un collier d'or. Au prix de son éclat l'épervier n'est qu'un moucheron ; la verdure des champs n'est qu'un reflet de ses plumes. » Voici quel est son langage : « Des gens vils et des cœurs d'acier, dit-elle, m'ont enfermée, toute charmante que je suis, dans une cage de fer. Retenue dans cette prison, je désire avec ardeur la source de l'eau de l'immortalité gardée par Khizr. Comme lui je suis vêtue de vert [1]; car je suis le Khizr des oiseaux. Je voudrais m'abreuver à la source de cette eau mystérieuse ; mais je n'ai pas l'ambition de m'élever jusqu'à l'aile de Sîmorg. La source de Khizr me suffit. »

La huppe, continuant son rôle de prédicateur, répond à la perruche qu'elle n'a pas d'idée du vrai bonheur ; que pour l'acquérir il faut savoir renoncer même à la vie ; qu'elle doit ambitionner quelque chose de plus que l'eau de l'immortalité ; qu'elle ne doit pas se contenter de l'écorce, mais chercher l'amande ; qu'elle doit vouloir la moelle, et non ce qui l'entoure et la cache. A ce sujet, Attar cite l'exemple d'un sofi qui refusa l'eau de l'immortalité que lui offrait Khizr, pour n'être pas privé de l'avantage de mourir et d'être ainsi uni à Dieu.

Le paon se présente à son tour, dit Attar, vêtu d'or, paré de plumes de mille couleurs, et pareil à une nouvelle mariée dans tous ses atours. Voici le discours qu'il tient :

« Pour me former, dit-il, le peintre du monde invisible (c'est-à-dire Dieu) remit son pinceau aux génies. Quoique je sois le Gabriel des oiseaux, mon sort a cependant été bien inférieur à celui de cet ange ; car, pour avoir contracté amitié avec le serpent dans le paradis terrestre, j'en fus ignominieusement chassé. Forcé de quitter le rang élevé que j'occupais, je fus obligé d'aller vivre dans la solitude, humilié par la laideur de mes pieds. Mais j'ai toujours espoir d'être retiré de cet obscur séjour et conduit à la demeure de l'éternité. Qui-suis-je pour parvenir auprès du roi *dont tu parles?* il vaut mieux que je m'en tienne éloigné. Le Sîmorg peut-il être d'ailleurs l'objet de mon ambition, puisque le paradis élevé est le séjour qui m'est destiné ? Je n'ai rien à faire dans ce monde ; je ne dois me reposer que dans le paradis. »

La réponse de la huppe mérite aussi d'être rapportée textuellement,

---

[1] Allusion au vêtement vert sous lequel est représenté Khizr ou Élie. Voyez, à ce sujet, mon *Mémoire sur la Religion musulmane dans l'Inde.*

à cause de la manière allégorique dont Attar s'exprime sur l'unité des êtres. Ce sont, à la vérité, les mêmes idées qui reviennent sans cesse sous sa plume ; mais nous devons tolérer ces répétitions. Voici au surplus le discours de la huppe :

« O toi qui t'égares volontairement de la vraie voie, sache que le palais de ce roi vaut mieux que celui dont tu parles. C'est l'éternelle habitation de l'âme pleine de désirs ; le logis du cœur, le siége de la vérité. L'Être véritable est un vaste océan dont l'Éden n'est qu'une petite goutte. Lorsque tu peux avoir l'Océan, pourquoi irais-tu chercher une goutte de la rosée nocturne [1] ? Celui qui participe aux secrets du soleil pourra-t-il s'arrêter à un atome de poussière ? Celui qui est le tout doit-il avoir affaire avec la partie ? L'âme a-t-elle besoin des membres du corps ? Si tu es un homme parfait, considère le tout, recherche le tout, choisis le tout. »

Le canard sort timidement de l'eau, dit Attar, et vient aussi présenter ses objections. Son langage est à peu près celui qu'il tient dans Mucaddéci.

« Il n'y a pas dans les deux mondes, dit-il, de créature plus pure que moi. Je me lave exactement à toutes les heures *canoniques*; puis j'étends sur l'eau le tapis *de la prière*. Qui est-ce qui se tient sur l'eau comme moi ? car c'est un pouvoir merveilleux que je possède. Je suis, parmi les oiseaux, un pénitent aux vues pures, au vêtement pur, à l'habitation toujours pure. Tout me paraît inutile, si ce n'est l'eau, car ma nourriture et ma demeure sont dans l'eau... Ce n'est qu'avec l'eau que j'ai affaire, comment la quitterais-je ? tout ce qui vit, vit par l'eau, et ne peut s'en passer ; ainsi je ne saurais voler à travers les vallées, ni m'élever jusqu'à Sîmorg. »

« Nous avons produit de l'eau tous les êtres vivants [2]. » Telle est la sentence du Coran à laquelle Attar fait allusion par l'organe du canard, et qui paraît fondée sur ce verset de la Genèse : « Dieu dit encore : Que les eaux produisent des animaux vivants qui nagent et des oiseaux qui volent [3]. » Le système de Thalès n'est que le développement de cette doctrine.

Attar revient à son thème favori sur la vanité de l'existence, et il cite à ce sujet la réponse d'un dévot [4] à qui on demandait ce qu'étaient les deux mondes : « Le monde présent et le monde futur, répondit-il, ne sont qu'une goutte d'eau dont l'existence est indifférente [5]. »

---

[1] Conf. Sagesse, xi, 23. — [2] *Coran*, xxi, 31, et xxiv, 44. — [3] Genèse, i, 20.
[4] Le mot que je traduis par *dévot* est *dîwânâ*, qui signifie proprement fou, mais qui se prend aussi pour *fou spirituel*, et par suite *dévot*. (Conf. saint Paul, I Cor., i, 23.)
[5] Voyez encore le Livre de la Sagesse, xi, 23.

Nous arrivons à la perdrix, *kabk*, qui s'avance marchant, dit Attar, avec grâce. Son bec est rouge, son plumage aurore. Le sang bouillonne dans ses yeux : « Je reste constamment dans les mines [1], dit-elle, car j'aime les pierreries. L'amour des joyaux est comme un feu dans mon cœur, et suffit à mon bonheur. Quand la vapeur de ce feu s'élève, elle donne la couleur du sang au gravier que j'ai avalé [2]....

» Le règne des pierreries est éternel. Il est aussi solide que la montagne qui les renferme. Je connais la montagne et le joyau qu'on y trouve. Pour le chercher, je ne quitte ni ma ceinture ni mon épée [3] dont la lame offre le brillant du diamant. Je n'ai encore trouvé aucune essence dont la nature soit supérieure aux pierreries, ni rien qui leur soit comparable, et puisque le chemin vers Sîmorg est difficile, mon pied reste attaché aux *pierres* précieuses, comme s'il était enfoncé dans l'*argile*. »

La huppe répond à la perdrix que ses objections sont bien faibles; qu'elle s'avilit en préférant la recherche des pierreries à celle de Sîmorg. Car, ajoute-t-elle en formulant une hérésie en histoire naturelle, les pierreries ne sont autre chose que des pierres colorées. Sans leur couleur elles seraient simplement de petits cailloux. Puis jouant sur les mots, elle dit que celui qui s'attache à la *couleur* (*rang*) n'a pas de *poids* (pierre, *sang*), c'est-à-dire est léger; et que celui qui possède l'*odeur*, c'est-à-dire l'essence des choses, n'en recherche pas la couleur; comme celui qui recherche le vrai joyau des qualités foncières ne se contente pas d'une pierre commune.

On sait le pouvoir étonnant que donnait à Salomon, selon les juifs et les musulmans, le chaton de son anneau. La huppe apprend à la perdrix que cette pierre merveilleuse était néanmoins un obstacle pour Salomon dans la voie spirituelle. A plus forte raison, ajoute-t-elle, les pierreries qui attirent toute l'attention de la perdrix seront un embarras pour elle.

Le *humaï*, dont il n'a été question ni dans la revue préliminaire qu'Attar a faite des oiseaux qu'il met en scène, ni dans l'ouvrage de Mucaddéci, vient présenter, lui aussi, des objections au voyage proposé par la huppe. Le humaï est un oiseau fabuleux qu'on peut comparer au phénix des Grecs. Les Persans donnent aussi quelquefois ce nom à l'aigle et à l'oiseau de paradis. Quoi qu'il en soit, l'ombre du humaï est, selon eux, un présage de bonheur et même de royauté pour celui sur lequel elle

---

[1] La perdrix fait son nid dans la terre; c'est peut-être à cela qu'Attar fait allusion.
[2] M. de Hammer rappelle, dans la traduction qu'il a donnée de ce morceau, que la perdrix avale de petites pierres, surtout colorées.
[3] Attar veut indiquer par là l'éperon ou l'ergot des perdrix.

tombe. De là, l'adjectif *humâyûn*, dérivé de *humaï*, et qui signifie *fortuné, royal*. Voici au surplus le discours textuel du humaï :

« Sachez, ô oiseaux de la terre et de la mer, que je ne suis pas semblable aux autres oiseaux. J'ai une haute ambition, et c'est pour la satisfaire que je me suis séparé des créatures, et que je méprise mon âme concupiscente [1]. Aussi est-ce à moi que Féridoun et Jamsched ont dû leur gloire; et c'est par l'influence de mon ombre que tous les monarques ont régné. Le vil mendiant n'est pas mon homme. Je ne nourris qu'avec des os mon âme concupiscente, je mets par là en sûreté contre elle mon âme *spirituelle*, et c'est ainsi que cette dernière acquiert un rang élevé. L'oiseau dont l'ombre crée les rois pourra-t-il détourner sa tête de la gloire?... Pourquoi rechercherais-je l'amitié de l'altier Sîmorg, puisque je dispose à mon gré des couronnes? »

Dans sa réponse, la huppe reproche au humaï de se laisser asservir par l'orgueil. Elle lui dit que son ombre, en donnant des royaumes temporels, fait souvent perdre la royauté spirituelle et conduit les rois à la réprobation éternelle. Comme preuve de cette assertion, elle cite l'exemple de Mahmûd, ce célèbre et zélé monarque musulman, grand destructeur d'idoles et de pagodes, mais dont le salut n'est pas certain, s'il faut en croire un sofi qui le vit en songe, et à qui il se plaignit qu'il avait à rendre compte de ses moindres actions. « Aussi, ajouta-t-il, aurais-je préféré d'être enfermé dans un puits, ou de glaner dans les champs de blé, plutôt que d'être roi. Que les ailes et les plumes du humaï se dessèchent, puisqu'il m'a donné place sous son ombre! »

Le faucon nommé *bâz* (celui, ainsi que je l'ai dit plus haut, qui est dressé pour la chasse) arrive après le humaï pour présenter aussi qui objections. Il a la tête haute, il fait parade de son équipement militaire et du chaperon qui couvre sa tête. Le discours qu'il tient fait allusion, comme dans Mucaddéci, à l'éducation qu'on lui donne et à l'usage qu'on fait de lui : « Moi, dit-il, qui veux me reposer sur la main du roi, je dédaigne de regarder les autres créatures du monde. Si je consens à me couvrir la tête d'un chaperon, ce n'est que pour pouvoir appuyer mon pied sur la main du roi. Je suis élevé dans la plus grande contrainte, et je me livre à la mortification comme les pénitents, afin que lorsqu'on m'amène devant le roi, je puisse faire exactement le service qu'il requiert de moi. Pourquoi voudrais-je voir Sîmorg, même en songe? pourquoi m'empresserais-je étourdiment d'aller auprès de lui? Je me contente d'être nourri de la main du roi, sa cour me suffit dans le monde. Pour

---

[1] A la lettre : « Mon âme de chien (ma chienne d'âme). »

me rendre agréable au roi, je n'ai qu'à prendre mon vol dans des vallées sans limites. Je n'ai pas d'autre désir que de passer ainsi joyeusement ma vie, tantôt auprès du roi, tantôt allant, d'après son ordre, à la chasse. »

La huppe reproche au faucon son peu d'attention aux qualités essentielles et son attachement aux choses extérieures. Elle lui dit que Sîmorg est le seul roi qui soit digne de lui, puisqu'il est unique dans sa royauté.

« Le roi doit n'avoir pas d'égal, être fidèle et conciliant. Si les rois temporels sont souvent équitables, ils se livrent quelquefois à l'injustice. La situation surtout de ceux qui en approchent est embarrassante : aussi ces derniers sont-ils pleins d'appréhension et toujours en danger de perdre les bonnes grâces du prince. Les rois du monde sont comme le feu; éloigne-toi d'eux, c'est ce qu'il y a de plus sûr pour toi. »

N'oublions pas que c'est un Oriental qui parle, et qu'il s'agit ici des rois de l'Orient, dont les caprices font le sujet d'une anecdote que cite Attar, et sur laquelle je dois m'arrêter un instant. On sait que tout nous vient de l'Orient : *Ex oriente lux.* C'est là entre autres qu'il faut chercher l'origine de nos fabliaux du moyen âge, de nos contes [1], de nos apologues. On a souvent considéré comme une légende fabuleuse l'histoire de la pomme que Guillaume Tell dut frapper d'une flèche sur la tête de son propre fils. Ce qui donne de la probabilité à cette opinion, c'est que la même histoire se trouve dans le *Mantic,* qui a été écrit dans le douzième siècle, ainsi que dans les chroniques de la Scandinavie [2]. Voici cette anecdote :

« Un roi éminent affectionnait un esclave dont la beauté avait attiré son attention. Il lui était tellement attaché, qu'il ne pouvait rester sans s'en occuper. Il lui donnait le premier rang sur ses autres esclaves; il l'avait toujours devant ses yeux. Lorsque le roi s'amusait à tirer des flèches dans son château, cet esclave tressaillait de peur, parce que le roi prenait pour but une pomme qu'il lui mettait sur la tête. Or, lorsque le roi fendait cette pomme, l'esclave était malade de frayeur.

» Quelqu'un, qui ignorait ce qui se passait, lui demanda un jour pourquoi son visage avait la couleur jaune de l'or, pourquoi cette pâleur, qui *annonçait la souffrance.* L'esclave répondit : Le roi prend pour but de

---

[1] Tel, par exemple, que celui qui a été mis en scène par l'immortel Shakspeare sous le titre du « Marchand de Venise ». La légende originale de Shylock, enrichie de beaucoup de détails négligés par le grand tragique anglais, se trouve dans le *Persian moonshee* de Gladwin, n° 13, et dans l'*Autobiography* de Lutfullah, p. 154-167.

[2] Au surplus, il paraît que la chose est quelquefois pratiquée encore en Orient par d'habiles tireurs. Ainsi, dans un des chants populaires persans publiés par Al. Chodzko, un domestique se plaint de ce que son maître mettait une rose sur sa tête et s'en servait de cible pour décharger son fusil.

ses flèches une pomme qu'il place sur ma tête. Le roi dit que son esclave favori ne doit pas craindre d'être blessé, car il est le plus habile de son armée au tir de l'arc, et, en effet, la flèche va droit à son but, et tous louent l'adresse du roi. Quant à moi, je suis dans une vive appréhension et dans un trouble cruel, sans que le roi y prenne garde. »

Le héron (*bûtîmâr* en persan et *baglá* en hindoustani) expose aussi ses objections contre le voyage projeté. Il aime la rivière, auprès de laquelle il demeure silencieusement. S'il en quitte les bords, il meurt [1]. Comment pourrait-il donc aller chercher Sîmorg?

La huppe lui répond que le voisinage de la rivière est dangereux à cause des crocodiles qu'on y rencontre. L'eau est d'ailleurs d'une nature changeante. Tantôt elle est calme, tantôt agitée; aussi combien de personnes qui ont voulu la traverser sur un bateau n'ont-elles pas été submergées, et combien de fois celui qui a voulu s'y plonger n'a-t-il pas reparu sans vie à la surface comme un brin d'herbe?

« Si tu ne te décides pas à quitter le bord de la rivière, ajoute la huppe, tu finiras par être entraîné dans le courant. La mer, dit-elle encore, s'agite par amour pour Dieu. Tantôt elle roule ses flots, tantôt elle fait entendre du bruit. Puisqu'elle ne peut trouver pour elle-même ce que son cœur désire, tu ne trouveras pas non plus en elle le repos de ton cœur... »

La huppe termine son allocution par une parabole. « On demanda un jour à l'Océan, dit-elle, pourquoi il était couvert d'une robe bleue, qui annonçait le deuil [2], et pourquoi son eau était agitée comme si le feu la faisait bouillonner. Il répondit que ses vêtements bleus annonçaient la douleur qu'il éprouvait d'être séparé de Dieu, et que c'était le feu de son amour qui le faisait bouillonner. »

Le hibou n'est pas plus disposé que le héron à partir pour le Caucase. Si le héron affectionne le voisinage des rivières, le hibou ne peut vivre que loin des lieux habités et au milieu des ruines [3]. « Il ne s'y tient pas, dit-il, pour boire du vin, comme les mauvais musulmans qui vont s'enivrer, loin des regards, dans des maisons désertes et délabrées; mais conduit par l'amour de l'or et pour chercher en ces lieux les trésors qui y sont cachés, et que ne défend pas un talisman [4]. » L'amour de Sîmorg lui

---

[1] Puisque c'est là qu'il trouve les grenouilles et les poissons dont il se nourrit.

[2] Le bleu est la couleur du vêtement de deuil chez les musulmans.

[3] Voyez dans *les Oiseaux et les Fleurs*, l'allégorie du hibou, une des plus belles du livre, et l'article du hibou dans l'*Ikhwán ussafá*, dont j'ai donné la traduction dans la *Revue de l'Orient*, 1863, pages 52, 53 du tirage à part; et dont on trouve aussi une traduction anglaise dans l'*Asiatic Journal*, 1829, II, 179.

[4] On sait que les Orientaux croient que les ruines et les monuments anciens, entre autres les Pyramides, recèlent des trésors. Ils disent aussi que des talismans défendent souvent l'approche de ces trésors. Telle est la raison de la double allusion d'Attar.

paraît une illusion, et il traite d'insensés ceux qui le ressentent. Pour cet être mystérieux, il ne veut quitter ni ses décombres ni ses trésors.

« O toi, lui répond la huppe, qui es ivre de l'amour de l'or, quand tu parviendrais à trouver un trésor, tu mourrais bientôt sur ce trésor, et ta vie se serait ainsi écoulée sans avoir atteint le but élevé *qu'on doit se proposer.* L'amour de l'or est le propre des mécréants, celui qui fait de l'or une idole est un autre Tharé [1]. Adorer l'or, c'est être infidèle. Ne serais-tu pas par hasard de la famille de l'Israélite [2] qui fabriqua le veau d'or?... »

Cette critique de l'or sous le point de vue spirituel me rappelle un morceau analogue sur la pièce d'or [3], par le célèbre écrivain arabe Harîrî, morceau qui est une des plus jolies pièces de vers de ses *Macâmât*, et dont voici la traduction :

« Fi de cette pièce [4] trompeuse, qui a deux faces comme le fourbe, et présente à la fois et la couleur brillante des belles étoffes qui parent la jeune épouse, et celle du visage hâlé de son mari, que l'amour a décoloré. La malheureuse envie de posséder l'or entraîne l'homme à commettre des crimes qui attirent sur sa tête l'indignation de Dieu. Sans l'or, la main du voleur ne serait pas coupée; sans l'or, plus d'oppression, plus d'oppresseur. L'avare ne froncerait pas le sourcil lorsque, durant la nuit, on vient lui demander l'hospitalité; le créancier ne se plaindrait pas des retards de son débiteur. On n'aurait pas à craindre l'envieux, qui attaque avec les flèches acérées de la médisance. J'aperçois d'ailleurs dans l'or un défaut palpable et bien propre à le déprécier, c'est qu'il ne peut être utile dans le besoin qu'en sortant des mains de celui qui le possède.

» Honneur à l'homme qui le méprise, honneur à celui qui résiste à son charme trompeur! »

Mais continuons à suivre Attar dans sa narration. Il nous reste encore à entendre la bergeronnette, qui est le dernier oiseau dont Attar fait connaître les excuses spéciales contre le voyage projeté, et qui est représentée par l'auteur persan comme faible de complexion et sans énergie morale. La bergeronnette vient donc se plaindre de cette double faiblesse, qui l'assimile, dit-elle, à la fourmi. Elle ne se sent pas la force de se mettre en route, et, d'ailleurs, pourrait-elle parvenir jamais à Sîmorg?

---

[1] Le texte porte *Azar*. C'est en effet le nom que les musulmans donnent au père d'Abraham, qui, selon eux, fut idolâtre et adorateur du feu.
[2] Cet individu est nommé ici comme dans l'*Alcoran*, xx, 87, *Sâmirî*. (Voyez la trad. du *Dabistan*, par le cap. Troyer, t. III, p. 80.)
[3] Je ne parle pas de l'ode d'Horace sur le même sujet, III, xvi, si connue des amis de la littérature classique. — [4] Troisième séance, intitulée *Caïlihat*.

La huppe reproche à la bergeronnette son inertie et sa légèreté, défauts qui l'empêchent de se rendre à son invitation. Elle ne croit pas à son excuse hypocrite.

Après la bergeronnette, les autres oiseaux viennent aussi, dans leur ignorance des choses spirituelles, alléguer chacun quelque excuse. Attar juge, avec raison, qu'il serait trop long de les répéter. « C'étaient, nous dit-il, de mauvaises excuses ; mais comment les oiseaux qui avaient osé les apporter pouvaient-ils espérer de tenir jamais Sîmorg dans leurs serres?... Eux qui ne pouvaient digérer le grain *spirituel*, pouvaient-ils devenir les compagnons de jeûne [1] de Sîmorg?... Eux qui se seraient noyés dans une imperceptible goutte d'eau, pouvaient-ils s'élever du fond de l'abîme au sommet *du ciel?* »

Cependant les répugnances des oiseaux diminuent, ils n'éprouvent plus que des craintes, ils ne formulent plus que des appréhensions. Ils ne se plaignent que vaguement de la faiblesse de leurs corps, de leurs ailes, de leurs plumes. « Enfin, disent-ils, comment pourrons-nous parvenir au sublime Sîmorg? Notre arrivée auprès de lui serait un miracle. Dis-nous avec quoi cet être merveilleux a de l'analogie, car, sans tes indications, des aveugles comme nous ne sauraient découvrir ce mystère. S'il y avait quelque rapport entre cet être et nous, nous éprouverions de l'inclination à aller vers lui; mais nous voyons en lui Salomon, et en nous la faible fourmi. Vois ce qu'il est et ce que nous sommes. Comment l'insecte qui est retenu au fond d'un puits pourra-t-il s'élever jusqu'à Sîmorg? Le mendiant sera-t-il propre à la royauté?... »

« Oiseaux dépourvus d'ambition, leur répond la huppe, c'est parce que votre cœur est sans énergie qu'un généreux amour ne peut y surgir.... Quand Sîmorg découvre sa face aussi brillante que le soleil, il produit par là des milliers d'ombres sur la terre, puis il jette son regard sur ces ombres pures, et alors de nombreux oiseaux se manifestent. Les oiseaux que l'on voit dans le monde ne sont donc tous que l'ombre de Sîmorg [2]. Sachez bien cela, ô ignorants! dès que vous le saurez, vous comprendrez exactement le rapport que vous avez avec Sîmorg. Admirez

---

[1] Il y a dans le texte *hamchilla*, c'est-à-dire « compagnon de quarantaine ». Or le mot *chilla* est le nom qu'on donne à un carême de quarante jours que beaucoup de dévots observent dans l'Inde. Ce carême, qui n'a aucun rapport avec le ramazan des musulmans, remonte à la plus haute antiquité. Moïse et Élie jeûnèrent quarante jours et quarante nuits. (Deutér., IX, 18, et III Rois, XIX, 8). N. S. Jésus-Christ observa la même abstinence; et, pour suivre son exemple, l'Église chrétienne a établi la quarantaine du jeûne qui précède la fête de Pâques.

[2] Ceci semble être presque l'équivalent de la doctrine révélée, que l'homme est l'image de Dieu. (Conf. Gen., I, 26, 27, etc.) Young a dit (Nuit Ire) :

All, all on earth is shadow, all beyond
Is substance; the reverse is folly's creed.

ce mystère avec intelligence, mais ne le divulguez pas. Celui qui est animé de ces pensées se perd en Dieu, mais gardons-nous de dire qu'il soit Dieu pour cela. Si vous vous perdez en Dieu, vous ne serez pas Dieu, mais vous serez à jamais submergés en Dieu. Un homme ainsi submergé est-il pour cela une transsubstantiation [1] ? »

« Par excès de bonté, ajoute Attar en s'adressant au novice dans la voie du spiritualisme, Dieu a fait un miroir *pour s'y réfléchir*. Ce miroir, c'est le cœur humain...

» Si tu aimes la beauté de ton ami, prends ton cœur et contemples-y sa beauté. Fais de ton âme un miroir pour y voir l'éclat *de ton ami*. Il est ton roi ; il habite le château de la gloire, et ce château est lumineux par le soleil de sa beauté. Admire dans ton propre cœur ton roi ; vois son trône dans un atome. Toute apparence qui se manifeste à toi dans le désert du monde, doit être pour toi l'ombre de Sîmorg... Mais Sîmorg n'est pas distinct de son ombre ; soutenir le contraire, ce n'est pas dire la vérité... Tu serais heureux de voir dans cette ombre le soleil ; mais si tu te perdais dans cette ombre, comment pourrais-tu obtenir Sîmorg lui-même ? Au contraire, si tu découvres que l'ombre se perd dans le soleil, tu te convaincras alors que tu n'es autre chose que le soleil. »

Sauf les répétitions qui sont contraires à notre goût, le passage dont je viens de donner la traduction paraîtra beau sans doute, et donnera, il me semble, une idée favorable de la poésie des sofis. On est assez habitué, je le pense, au langage figuré et mystique de l'auteur, pour que rien dans ce passage ait besoin d'explication ni de commentaire. J'ai assez dit que Sîmorg c'est Dieu, et que les oiseaux sont les hommes. L'ombre c'est la nature entière, qui, selon les sofis, émane de Dieu, véritable soleil de l'univers.

Désormais les oiseaux, instruits par la huppe, comprennent les mystères sur lesquels ils avaient médité auparavant. Ils reconnaissent leur rapport avec Sîmorg, et bien loin de se montrer encore rebelles à l'idée du voyage que la huppe les engage à faire, ils veulent l'exécuter sans retard, et, à cet effet, ils demandent à la huppe les renseignements dont ils ont besoin.

La huppe continue ses fonctions de missionnaire.

« Pour aimer véritablement, dit-elle, il faut renoncer à la vie. Puisque ton esprit n'est pas d'accord avec ton âme [2], sacrifie celle-ci, et tu par-

---

[1] C'est-à-dire, peut-il se considérer comme la substance de Dieu même ?
[2] Le mot que je traduis par *esprit* est *dil*, qui signifie proprement *cœur*, et celui que je traduis par *âme* est *jân*. En effet, on peut distinguer dans l'âme l'*esprit*, qui a la faculté de s'élever aux choses spirituelles, et l'âme proprement dite, qui a celle de s'occuper des choses temporelles. Saint Paul fait cette distinction dans sa première épître aux Thessaloniciens, ch. v,

viendras au but de ton voyage spirituel [1]. Si cette âme t'intercepte le chemin, écarte-la, puis jette ton regard en avant et contemple ; et si on te demande de renoncer à la foi ou à la vie, renonce à l'une et à l'autre, laisse ta foi et sacrifie ta vie....

» L'amant met le feu à la moisson de sa vie ; il enfonce la scie à son cou [2] et se perce le corps....

» Quiconque a le pied ferme dans l'amour, renonce en même temps à la religion et à l'incrédulité. L'amour t'ouvrira la porte de la pauvreté *spirituelle,* et la pauvreté (qui n'est autre que l'anéantissement [3]) te montrera le chemin de l'incrédulité. Quand il ne te restera plus ni religion, ni incrédulité, ton corps et ton âme disparaîtront à la fois, et alors tu seras digne d'avoir accès à ces mystères.... »

Ces réflexions produisent un effet favorable sur l'esprit des oiseaux. Ils se décident à renoncer, s'il le faut, à leur vie pour posséder Sîmorg. L'amour qu'ils ressentaient déjà pour cet être mystérieux s'accroît prodigieusement; leur départ est décidé, et ils prennent en définitive la huppe pour leur guide. A ce sujet, Attar donne, par l'organe des oiseaux, les avis suivants, qu'il est à propos de signaler :

« On ne doit pas dans la vie spirituelle suivre ses propres idées; il nous faut donc un directeur qui ait sur nous un pouvoir absolu, qui puisse *lier* et *délier* (pour me servir de l'expression *biblique* d'Attar). » Ils pensent, en conséquence, qu'ils ont besoin d'un excellent conducteur pour les guider dans le voyage qu'ils vont entreprendre, et se sauver avec eux de la mer profonde qu'ils doivent traverser. Ils se promettent de lui obéir fidèlement, de faire ce qu'il leur dira, bon ou mauvais, pour qu'enfin, « lancés dans l'espace mystique comme la boule du jeu de mail, ils aillent tomber dans le maillet du Caucase, où réside Sîmorg ».

Cependant, pour s'assurer que la huppe est vraiment digne d'être leur guide, les oiseaux, conformément aux préjugés orientaux, veulent en rendre juge le hasard. Ils tirent au sort, et le sort désigne précisément la huppe. Ainsi, plus d'incertitude, la huppe est solennellement reconnue chef des oiseaux, et, comme marque de cette dignité, on lui met la couronne sur la tête. Par cette dernière circonstance, Attar veut faire

---

v. 23 : « Que tout ce qui est en vous, dit-il, l'esprit, l'âme et le corps, se conserve sans tache pour l'avénement de Notre-Seigneur Jésus-Christ. » Le mot hébreu *lêb* « cœur » est pris aussi dans le sens d'*esprit* dans la Bible, Ps. xiv, 1, par exemple, où on lit : « L'insensé a dit dans son *esprit* (*lêb*) : il n'y a pas de Dieu ! »

[1] « Tuis enim fidelibus, Domine, dit-on dans la préface des morts de nos liturgies gallicanes, » vita mutatur, non tollitur, et dissoluta terrestris hujus habitationis domo, æterna in cœlis » habitatio comparatur. »

[2] Allusion à l'usage de scier, dans certains cas, la tête des criminels.

[3] Le septième degré du spiritualisme est nommé *pauvreté et anéantissement.*

évidemment allusion à l'ornement naturel que la huppe porte sur la tête.

Alors des milliers d'oiseaux accourent pour recevoir les ordres de leur chef et le suivre dans le voyage au Caucase. «Mais lorsqu'ils aperçoivent de loin, dit Attar, la première des sept vallées qu'ils doivent parcourir, leurs cris retentissent jusqu'aux astres. La terreur s'empare de leur âme, un feu dévorant attaque leur cœur. Leurs plumes et leurs ailes sont ensanglantées. En voyant ce chemin sans limites, ils pensent qu'ils ne pourront satisfaire le désir qu'ils avaient conçu. Le vent du détachement des choses terrestres [1] soufflait tellement en ce lieu que le ciel en était comme brisé. Dans ce chemin du désert, où le paon du firmament (le soleil) ne se montre pas, comment un faible oiseau pourrait-il rester un seul instant? Aussi ces animaux ailés, dans la crainte que la vue de ce chemin leur fait éprouver, entourent-ils la huppe, et, hors d'eux-mêmes, devenus tous ses disciples (*tâlib*) pour la voie spirituelle, ils lui disent : « O toi qui as été si souvent en présence de Salomon et qui t'es assise sur le tapis royal, tu connais tous les usages de la cour, tu sais où il y a incertitude, où il y a assurance. Monte sur le *minbar* (la chaire), et instruis-nous au sujet du chemin où nous allons nous engager. Explique-nous aussi les usages et l'étiquette des cours, car nous ne voulons pas nous conduire follement dans cette affaire. Nous concevons tous des appréhensions dans nos cœurs, et il faut pour ce chemin un cœur libre de crainte. Dénoue donc ces difficultés, afin que nous nous mettions volontiers en route. »

Conformément au désir des oiseaux, la huppe se dispose à écarter le voile de la face du mystère, pour me servir d'une expression empruntée à Attar. La huppe est montée sur un trône, sa couronne sur la tête, et elle est entourée de milliers d'oiseaux.

Ici commence un nouvel acte du drame mystique que j'analyse. Déjà nous avons vu les oiseaux les plus connus venir discuter avec la huppe, qui n'était pas officiellement leur chef. Actuellement que le sort l'a désignée pour ce rôle et que les oiseaux ont promis de lui obéir, il semblerait qu'ils n'ont plus qu'à la suivre dans le voyage mystérieux qui a été résolu ; mais il n'en est pas ainsi. Les oiseaux hésitent encore, et ils viennent discuter de nouveau avec la huppe. Cette fois même les interlocuteurs sont plus nombreux qu'en premier lieu, car ils sont au nombre de vingt-deux, tandis qu'ils n'étaient d'abord que douze. De plus, ils ne sont pas désignés par leurs noms, mais simplement par l'expression de *un*

---

[1] Proprement « du contentement », αὐτάρκεια.

oiseau (*taïré*), et même rien n'indique les oiseaux dont il s'agit, à l'exception du faucon, dont le discours offre des allusions qui le désignent évidemment. Je suis donc forcé, en reproduisant une partie de cette discussion, de rester dans le vague où nous a mis Attar. On s'apercevra facilement que les dialogues entre la huppe et ces différents oiseaux ne sont qu'un cadre pour placer des réflexions religieuses et mystiques.

Un premier oiseau, ami de l'égalité, reproche à la huppe de se poser comme supérieure aux autres oiseaux, tandis qu'elle est de la même catégorie d'êtres. Il lui demande s'ils sont coupables de quelque faute inconnue, en sorte qu'ils soient impurs tandis qu'elle est pure.

Dans sa réponse, la huppe fait allusion à la gratuité de l'élection de Dieu, représentée par la foi. Puis Attar modifie ce principe trop général, en annonçant la nécessité des œuvres et leur genre d'importance, malgré leur nullité réelle. On voit qu'Attar fait toujours ses efforts pour rester dans l'orthodoxie musulmane. Écoutons ses propres expressions.

« Ne néglige jamais l'obéissance, dit-il, mais ne mets aucun prix à cette obéissance [1]. Passe ta vie dans l'obéissance, et alors tu obtiendras un regard du *véritable* Salomon. »

Pour donner une idée de la grâce efficace figurée dans Saadi par l'essence de roses qui en s'unissant à la vile argile lui transmet son odeur, Attar donne ici une touchante parabole, qui offre un souvenir lointain de la pêche miraculeuse de l'Évangile, lorsque saint Pierre, qui n'avait rien pris pendant toute la nuit, vit son travail béni par la puissance du Sauveur, et son filet se remplir de poissons gros et petits [2]. Écoutons Attar :

« On raconte qu'un jour le roi Mahmûd avait été accidentellement séparé de son armée. Tout seul, sans escorte, il poussait en avant son cheval vite comme le vent, lorsqu'il vit un enfant, assis au bord d'une rivière, lequel avait jeté son filet au fond de l'eau. Le roi lui fit signe de s'approcher et le fit mettre devant lui. Or, cet enfant était triste, il avait le cœur serré et l'âme froissée. « Cher enfant, lui dit le roi, quelle est la cause » de ton chagrin? je n'ai jamais vu personne aussi affligé que toi. » L'enfant lui dit : « Sire, nous sommes sept enfants sans père. Nous avons » encore notre mère, mais elle est fort pauvre et sans appui. Je jette tous » les jours mon filet pour pêcher du poisson, afin d'avoir un gîte pour » la nuit. C'est seulement quand j'ai pris du poisson, après beaucoup de » peine, que nous avons de quoi vivre ce soir-là. — Veux-tu, pauvre » enfant, lui dit le roi, que je m'unisse à toi dans ta tâche? » L'enfant y

---

[1] « Cum feceritis omnia quæ præcepta sunt vobis, dicite : servi inutiles sumus. » (Év. de saint Luc, XVII, 10.) — [2] Conf. Évangile de saint Luc, V, 5.

consentit, et Mahmûd jeta dans la rivière le filet qui participa au bonheur du roi, et prit ce jour-là cent poissons. »

« Si tu restes dans l'isolement, poursuit Attar, tu ne pourras franchir le chemin du *spiritualisme*. Il te faut un *pír* (directeur). Ne va pas seul; n'entre pas à l'aveugle dans cet océan..... Puisque tu ignores entièrement ce que tu dois faire pour sortir du puits du *monde,* comment pourras-tu te passer d'un guide sûr?... »

Attar termine cette tirade par cette sorte de proverbe oriental : « Dans la main de celui qui est uni au bonheur, les épines se changent en roses. »

Un second oiseau se plaint de sa faiblesse, la huppe répond :

« Le monde est une fange immonde; les créatures y périssent à chaque porte. Des milliers de personnes, comme le ver à soie qui jaunit, meurent au milieu des pleurs et de l'affliction. Il vaut mieux perdre misérablement la vie dans la recherche que je propose, que de languir désolé dans l'infamie... »

Après avoir encore exprimé, sous une autre forme, les mêmes idées, Attar s'écrie :

« Quelqu'un dira que le désir *des choses spirituelles* est de la présomption, et qu'on ne saurait parvenir là où n'est parvenu personne. Mais ne vaut-il pas mieux sacrifier ma vie dans l'orgueil de ce désir, que d'attacher mon cœur à la boutique [1] *de ce monde?* J'ai tout vu et tout entendu, et rien n'a ébranlé ma résolution. J'ai eu longtemps affaire avec les hommes, et j'ai vu combien il y en a peu qui soient vraiment détachés des richesses. Tant que je ne mourrai pas à moi-même, et que je ne serai pas indifférent aux créatures, mon âme ne sera pas libre [2]. Un mort vaut mieux que celui qui n'est pas entièrement *mort* aux créatures; car il ne sera jamais admis derrière le rideau!...

» L'amour ne laisse pas l'homme en repos un seul instant; il le tue, et il demande en outre le prix du sang. L'eau qu'il lui donne à boire, ce sont des larmes; et le pain qu'il lui donne à manger a du sang pour levain...

» Tant que tu flotteras dans l'océan profond *du monde,* les vagues te repousseront et te recevront tour à tour [3]. Tantôt tu seras admis dans la Caaba, tantôt tu devras reposer dans une pagode. Si tu retires la tête de cet abîme, tu jouiras d'un bonheur constant; mais si tu continues à y demeurer, la tête te tournera comme une meule, et tu ne trouveras pas un seul instant le parfum de la tranquillité... »

---

[1] Allusion aux premières occupations d'Attar.
[2] Conf. *Imitation,* liv. II, ch. vii.
[3] Allusion à l'élection et à la réprobation.

Un troisième oiseau confesse qu'il est couvert de péchés, et qu'ainsi il n'ose aller à la recherche de l'être parfait qui lui est annoncé.

La huppe l'encourage par la pensée de la grâce céleste. Son allocution rappelle le dogme chrétien, si consolant pour les pécheurs, de l'infinie miséricorde de Dieu, qui rend, pour me servir de l'expression d'Isaïe [1], plus blancs que la neige les péchés rouges comme l'écarlate, et qui, selon les paroles de saint Paul, couvre l'abondance du péché par la surabondance de la grâce [2].

« Ne désespère pas, lui dit-elle ; demande *à Dieu* sa grâce et son éternelle faveur. Si tu jettes si facilement ton bouclier loin de toi, ton affaire deviendra difficile. Songe, au contraire, que la chute t'est utile, puisqu'elle donne lieu au repentir [3]. Lorsque tu as péché, la porte du repentir reste ouverte ; fais donc pénitence... »

Ici se trouvent plusieurs anecdotes. En voici une dont le but est de prouver l'appréciation que Dieu fait, dans sa bonté, de la pureté d'intention :

« Une nuit, dit Attar, l'ange Gabriel était assis sur le Sidra [4], lorsqu'il entendit Dieu prononcer des paroles d'acquiescement. En ce moment, un homme invoque Dieu, dit Gabriel en lui-même, mais j'ignore où il peut se trouver. Tout ce que je sais, c'est qu'il doit être un éminent serviteur de Dieu dont l'âme concupiscente est morte, et dont l'esprit est vivant. Gabriel voulut savoir alors où était cet homme ; mais il ne put le trouver dans les sept climats. Il parcourut la terre et la mer ; il ne le trouva ni sur la montagne ni dans la plaine. Il se hâta de revenir auprès de Dieu, et il entendit encore une réponse favorable aux mêmes prières. Dans son extrême anxiété, il parcourut une autre fois le monde. Cette fois encore, il ne vit pas ce serviteur, et il dit : O Dieu ! indique-moi donc la voie qui doit me conduire auprès de l'objet de tes faveurs. Dirige-toi vers le pays de Rûm, répondit Dieu à Gabriel, va dans un tel couvent, et tu le verras. Gabriel alla, et découvrit celui qu'il cherchait ; et précisément cet homme invoquait une idole. A son retour, Gabriel délia sa langue et dit à Dieu : O maître du monde, écarte loin de moi le voile de ce secret. Quoi ! tu exauces avec bonté celui qui invoque une idole dans un couvent ? Il a le cœur obscurci, répondit Dieu ; il ignore que par là il s'égare dans son chemin. Comme il a erré par ignorance, je pardonne son erreur : ma bonté l'excuse, et je lui donne même accès au rang le plus distingué. »

Enfin Attar revient à son thème favori de l'unité. Il voit dans l'homme

---

[1] Isaïe, I, 18. — [2] Rom., v, 20. — [3] Conf. Ps. cxviii, 71. — [4] Un des arbres du paradis.

Dieu lui-même, ce qui est en effet une conséquence des prémisses antérieures. Voici ses propres paroles :

« Il y a, dit-il, bien des choses à considérer dans la voie *spirituelle*. Une goutte d'eau est là un océan de miséricorde. Nuit et jour, les sept sphères célestes, ô mon enfant, sont employées pour toi [1]. L'obéissance à Dieu de la part des esprits célestes a lieu en ta faveur. Le ciel et l'enfer sont le reflet, l'un de ta bonté, l'autre de ta méchanceté...

» Le corps n'est pas distinct de l'âme, il en fait partie, et l'âme n'est pas distincte du tout, elle en est membre. Mais dans le chemin de l'unité il n'y a pas de nombre; on ne doit jamais y parler ni de portion ni de tout...

» Tout ce que font les anges, ils le font pour toi (ô homme!), ainsi qu'il est dit dans le Coran [2]. Le Créateur te prodigue, en effet, tous leurs services, comme une éternelle pluie de perles. »

Un quatrième oiseau présente l'image fidèle de l'homme abandonné à lui-même, qui flotte entre le bien et le mal, entre la piété et le relâchement; qui ne fait pas le bien qu'il aime, mais le mal qu'il déteste, ainsi que le dit saint Paul de lui-même [3] :

« Je suis lâche et paresseux, dit cet oiseau, je ne sais que sauter d'une branche à l'autre. Tantôt je suis libertin, tantôt abstinent... Tantôt je vais dans les tavernes, tantôt je me livre à la prière. Quelquefois le diable me détourne de la route spirituelle, d'autres fois les anges m'y font rentrer... »

La huppe console cet oiseau timide par des paroles conformes à l'orthodoxie musulmane. « Si tous étaient originairement purs, lui dit-elle, Dieu aurait-il été obligé d'envoyer les prophètes? En t'attachant à l'obéissance, tu arriveras au bonheur. Tant que tu ne t'élèveras pas, comme une montagne, *à la recherche de Dieu,* tu n'auras ni repos ni félicité. O toi qui résides dans les étuves de la paresse, et qui es cependant plein de désirs, tes larmes de sang dévoilent les secrets de ton cœur, tandis que sa rouille annonce la satiété du bien-être. Si tu continues à fomenter les passions de ta chienne d'âme, tu ne seras jamais qu'un impuissant hermaphrodite [4]. »

Plus loin Attar, par l'organe de la huppe, parle aussi bien que pourrait le faire un prédicateur chrétien : « Sois un homme de Dieu, dit-il enfin, ne cherche ta gloire qu'en Dieu [5]. Lorsque tu caches cent idoles sous ton froc, pourquoi te montrer sofi devant les hommes?... »

---

[1] On trouve une pensée analogue dans la préface du *Gulistan.*
[2] Sur. XXI, vers 30. — [3] Rom., VII, 15.
[4] L'homme qui n'est ni bon ni mauvais n'appartient en effet à aucune catégorie, de même que l'hermaphrodite n'est d'aucun sexe.
[5] Conf. Ps. CXIII, 9.

Un cinquième oiseau se plaint d'une manière plus explicite que le quatrième, de ce qu'en lui l'élément du mal domine celui du bien : « Je suis mon propre ennemi, dit-il à la huppe, comment m'aventurer dans ce chemin, puisque je conduis avec moi le voleur qui doit m'arrêter? Mon âme brutale ne veut pas se soumettre; je ne sais même comment en sauver mon âme spirituelle. Je reconnais bien le loup dans les champs, mais cette chienne d'âme, belle en apparence, ne m'est pas encore bien connue... »

L'âme spirituelle est celle qui incline vers le bien; et l'âme concupiscente, *la chienne d'âme,* comme dit Attar, c'est la partie de l'âme, si je puis parler ainsi, qui incline vers le mal. Ce sont les mauvais penchants que nous a légués le péché originel. Dans sa réponse, la huppe s'étend sur le danger de se laisser dominer par cette âme sensuelle.

« Ton âme concupiscente, dit-elle, est à la fois borgne et louche [1]... Il n'est pas bon que cette âme parvienne artificieusement à se fortifier. Dans l'enfance, tout a été inutilité, faiblesse et insouciance. Dans la jeunesse, tout a été singularité et démence. Dans la vieillesse, l'âme devient languissante et le corps débile. Avec une telle vie préparée par la folie, comment l'âme pourra-t-elle s'orner *des qualités spirituelles?* Comme nous vivons dans l'insouciance, du commencement jusqu'à la fin, le résultat que nous obtenons est nul. L'homme finit par obéir à son âme brutale [2]. Le chagrin fait périr des milliers de cœurs : mais cette âme infidèle ne meurt jamais...

» Nous sommes tous sous la domination de cette âme infidèle et désobéissante que nous entretenons en nous-mêmes. L'esprit, comme un cavalier, parcourt avec confiance le royaume *spirituel;* mais, jour et nuit, cette âme est son commensal. Le cavalier a beau faire galoper son cheval, cette âme le suit sans relâche comme un chien... Toutefois celui qui liera ce chien avec vigueur prendra dans son filet le lion des deux mondes [3]. Celui qui l'asservit devancera tellement ses rivaux, qu'ils n'atteindront pas même la poussière que font élever ses pieds... »

Un sixième oiseau se présente sur la scène. Celui-ci se plaint du démon de l'orgueil, qui l'empêche de se réunir à ses compagnons dans le voyage mystique qu'il s'agit d'entreprendre. Il demande à la huppe comment il pourra résister à ses obsessions et être vivifié par le vin du spiritualisme.

---

[1] *Borgne* parce qu'elle voit mal, et *louche* parce qu'elle voit double et qu'elle admet ainsi la dualité et non l'unité des êtres.

[2] « Animalis homo non percipit ea quæ sunt Spiritûs Dei; stultitia enim est illi, et non potest intelligere. » I Corinth. II, 14.

[3] C'est-à-dire les deux mondes comme un lion. Voyez, au sujet de cette figure, mon *Coup d'œil sur la littérature orientale.*

« Tant que tu ne seras pas délivré de ton âme concupiscente, répond la huppe à cet oiseau, en proie à la tentation, le démon ne te laissera pas tranquille ; il emploie ses agaceries pour te tromper. Bien plus, chacun de tes désirs est un démon pour toi... Le monde est pareil au chauffoir des bains et à une prison ; que dis-je ! il est la part du diable [1]. Retires-en donc entièrement ta main...

» Je mange du pain à la table de Dieu, disait un individu, et néanmoins j'obéis au démon. Il en est ainsi de toi ; le démon te détourne de la *bonne* voie, et tu ne dis pas même la prière jaculatoire qui commence par les mots *la haul* [2]. Tu n'as de musulman que le nom [3]. Tu es enveloppé dans les soucis du monde. Sa poussière couvre ta tête, comme un corps mort...

» L'amour du monde a enlevé de ton cœur le goût de la foi, et de vains désirs ont absorbé ton âme. Qu'est le monde, sinon un nid de passions et de désirs ? Il n'a pu suffire à Pharaon et à Nemrod ; Coré n'y a fait que passer, et Schaddâd [4] l'a péniblement possédé. Dieu a proclamé le néant du monde, pourquoi donc te laisses-tu prendre dans son filet ? Jusques à quand t'occuperas-tu de cette terre où l'on ne voit que vanité et impureté ? Comment celui qui se perd dans ce vil atome peut-il être un homme digne de ce nom ?...

» Le monde est un feu brillant où vient à chaque instant se brûler une nouvelle créature... Détournes-en bravement les yeux comme le lion, si tu ne veux pas t'y brûler comme le papillon. L'insensé qui, avec cet insecte, adore le feu, s'y brûlera nécessairement... »

Un septième oiseau, peut-être la perdrix, se présente ensuite et vient à son tour faire à la huppe ses doléances. Celui-ci est tourmenté par le démon de l'avarice. Ce vice, en effet, détourne de Dieu plus que tout autre peut-être. L'avidité pour les biens du monde éloigne la pensée des biens spirituels.

« J'aime l'or, dit cet oiseau ; l'amour de ce métal est en moi comme l'amande dans sa pellicule. Tant que l'or n'est pas dans ma main, comme un bouquet de roses, je ne puis jouir du repos. L'amour du monde et de l'or du monde m'a rempli de vains désirs, et m'a privé de l'intelligence des choses spirituelles. »

---

[1] Conf. Év. de saint Matth., IV, 8, 9.
[2] Ce sont les premiers mots de l'éjaculation musulmane : « Il n'y a de force et de puissance qu'en Dieu. »
[3] A la lettre : « En fait d'islamisme, tu te contentes de prononcer la formule de la profession de foi. »
[4] Ancien roi d'Arabie dont l'histoire fabuleuse se trouve entre autres dans le *Tarikh-i muntakhab*. (Voyez la traduct. du *Dabistan*, par le cap. Troyer, t. II, p. 459.)

La huppe continue, à l'égard de cet oiseau, son rôle de directeur spirituel. « O toi, lui dit-elle, qui es dans l'ébahissement par l'effet d'une forme extérieure, toi dont l'esprit ne vit jamais l'aurore de la valeur réelle des choses, apprends que tu n'as pas cessé d'être nyctalope, et que tu es resté, comme la fourmi, étreint par une vaine apparence [1]. Attache-toi au sens des choses, et ne t'inquiète pas de leur forme. Le sens est l'essentiel, la forme n'est qu'embarras. Sans sa couleur, l'or ne serait qu'un métal commun; cependant tu es séduit comme l'enfant par son attrayant éclat. L'or qui te détourne de Dieu est pour toi une idole; ah! rejette-la loin de toi sans hésiter. »

Mais la réponse de la huppe au septième oiseau ne s'arrête pas ici. Attar continue en ces termes le développement de ses préceptes ascétiques, revêtus du costume allégorique qui lui est familier :

« Chaque nouveau mois, il te faut donner le prix de ta boutique, et ce prix, c'est ton âme même. Mais ton âme précieuse et ta vie chérie te quittent avant que tu puisses gagner une seule obole... Dépense de tous côtés ce que tu possèdes, car il est dit : « Vous n'acquerrez le bonheur » qu'en proportion de votre générosité [2]. » Il faut laisser tout ce qui existe; il faut même renoncer à la vie; car si tu ne peux y renoncer, tu ne renonceras pas non plus à la richesse et aux honneurs... Quand tu n'aurais qu'une couverture grossière pour te coucher, ce serait encore une barrière qui t'empêcherait d'entrer dans la vie *spirituelle*. O toi qui connais la vérité, brûle cette couverture, emblème de ta double vue à l'égard de Dieu. Si tu n'oses brûler *aujourd'hui* cette couverture, comment te débarrasseras-tu demain [3] du large tapis *qui te servira de linceul?* »

Un huitième oiseau, c'est-à-dire le faucon, car il est clairement désigné par Attar, vient à son tour s'adresser à la huppe, et son discours rappelle celui qu'il tient dans l'allégorie de Mucaddéci qui lui est consacrée. Il se trouve heureux de demeurer dans un palais splendide où il est comme le roi des oiseaux : comment irait-il s'exposer aux fatigues qui lui sont proposées? « Aucun homme raisonnable, dit-il, n'abandonnerait le jardin d'Irem pour entreprendre un voyage pénible et difficile. »

La huppe gourmande le faucon sur ses goûts mondains. Elle lui en fait sentir la vanité, et lui annonce que quelque magnifique que soit le château qu'il habite, la mort ne l'en fera pas moins sortir pour le confiner dans la prison de la douleur.

---

[1] Allusion au corps de la fourmi, qui semble comme serré par une étroite ceinture.
[2] Ces mots sont tirés du *Coran*, III, 86. — [3] C'est-à-dire au jour du jugement.

« N'as-tu pas vu, continue Attar, l'impatiente et vaine araignée?... Elle dresse par avidité un merveilleux filet, dans l'espoir qu'une mouche y tombe, et, dans sa prévoyance, elle se bâtit une maison qu'elle garnit de provisions à son usage. Lorsque la mouche se précipite, tête baissée, dans ce filet, l'araignée lui suce le sang. Ensuite elle laisse son cadavre se dessécher sur place, et elle continue à en faire sa nourriture [1]. Mais tout à coup le maître de la maison *où l'araignée a dressé son filet* arrive le balai [2] à la main. En un instant il anéantit et le nid de l'araignée et la mouche. Or, le nid de l'araignée et la mouche représentent le monde et la subsistance que Dieu y a placée pour l'homme. Quand même tout le monde te serait dévolu, tu le perdrais en un instant de la même manière...

» Celui qui compte pour quelque chose le tambour et le drapeau de la royauté [3] n'est pas derviche. Il n'y a là que du bruit et du vent. En effet, le vent enfle le drapeau et le bruit sort du tambour : ces deux choses valent donc moins que la plus petite monnaie de cuivre. Ne fais pas tant caracoler le coursier de ta vanité, ne te délecte pas tant dans l'illusion de ta position élevée... Puisqu'il est impossible d'être distingué *individuellement*, il vaut mieux se perdre *volontairement* en Dieu et entrer *tête baissée dans le tout*. Il ne t'est pas possible d'être fier, humilie-toi donc, renonce à ta légèreté, courbe ta tête et ne cherche pas la domination... »

A un neuvième oiseau que l'amour désordonné de la créature éloigne du Créateur, la huppe signale la différence qu'il y a entre l'amour divin et l'amour humain. « O toi, lui dit-elle, qui t'es attaché à ce qui est visible, toi qui es entièrement demeuré dans le trouble qui en est la suite, sache bien distinguer l'amour de la forme extérieure de l'amour contemplatif de l'Être invisible. L'amour charnel nous assimile aux animaux. L'amour qu'inspire une beauté passagère ne peut être que passager. Tu donnes le nom de lune sans décroissance à une forme extérieure composée d'humeurs et de sang; mais il est une beauté qui ne décroît pas, et c'est une impiété de la méconnaître.... Trop longtemps tu as erré auprès de la forme extérieure à la recherche de l'imperfection. La *vraie* beauté est cachée; cherche-la donc dans le monde invisible.... »

Un dixième oiseau n'ose entreprendre le pénible voyage qu'on lui propose, dans la crainte de périr.

---

[1] On trouve des idées analogues à celles-ci dans l'allégorie de l'araignée de Mucaddéci.
[2] Mot à mot le *bâton*.
[3] Il est souvent question chez les écrivains musulmans du *kôs* ou *nacâra*, qui est proprement une double timbale qu'on bat à la porte des souverains, et qui est ainsi un signe de royauté. Il en est de même du drapeau *'alam*.

« O faible et impuissant oiseau, lui dit la huppe, veux-tu n'être jamais qu'une charpente formée de quelques os munis de moelle? Sache que la vie, qu'elle soit courte ou longue, a toujours un terme prochain, car elle ne se compose que d'une aspiration et d'une respiration. Ne comprends-tu pas que quiconque naît, meurt, qu'il va en terre et que le vent disperse son corps? Tu as été nourri pour mourir, tu as été apporté en ce monde pour en être emporté. Que tu sois pur ou impur, tu n'es qu'une goutte d'eau pétrie avec de la terre. Comment voudrais-tu disputer à l'Océan cette goutte d'eau?

» Il n'y a de remède à la mort que la mort.... Celui même qui a tenu le monde sous le chaton de son anneau (Salomon) est actuellement comme un minéral sous la terre. Le guerrier qui de sa lance a atteint le firmament n'a pas tardé d'être enseveli dans la poussière du tombeau. Tous les morts dorment sous la terre, mais, quoique endormis, ils sont troublés. »

Cette dernière phrase fait allusion à la doctrine musulmane des tourments de la tombe [1]. On voit qu'Attar rappelle, toutes les fois qu'il en a l'occasion, les dogmes de l'islamisme, quand il peut les mettre en harmonie avec ses doctrines.

La huppe continue ensuite son discours sentencieux sur l'existence et sur la mort :

« Tu t'es égaré à la recherche du mystère de la vie et de la mort; tâche de trouver ton chemin avant que la vie te soit enlevée. Si tu ne le trouves pas étant vivant, comment espères-tu atteindre à ce grand mystère lorsque tu seras mort? Durant ta vie, tu ne peux te connaître, et à la mort, il n'y a pas trace de ton existence. »

Un onzième oiseau avoue à la huppe son insouciance pour les choses spirituelles. Il lui dit qu'il n'a jamais recherché que la boule [2] du monde, et qu'il hésite ainsi à entrer dans la voie du spiritualisme.

Dans sa réponse, la huppe l'engage à ne pas désirer ce qui passe en un instant. « Puisque, dit-elle, le monde passe, passe toi-même au delà; abandonne-le et ne le regarde seulement pas. » Elle lui dit aussi qu'il faut accepter avec reconnaissance de la main de Dieu les épreuves auxquelles il nous soumet, aussi bien que ses faveurs les plus excellentes.

« L'atome n'est jamais qu'atome. Si on le retourne, il prend une autre apparence, mais il n'en est pas moins un atome, et non la source brillante *du soleil* [3].... Mais si l'atome se perd entièrement dans le soleil, il participera à son éternité. »

---

[1] A ce sujet, voyez mon *Exposition de la foi musulmane,* traduite du turc.
[2] Allusion à la boule du mail. — [3] Par l'atome, il faut entendre l'*homme,* et par le soleil, *Dieu.*

Un douzième oiseau, plus docile que les autres, confesse à la huppe sa répugnance à affronter les fatigues de la route, mais il lui déclare qu'il est néanmoins décidé à lui obéir et à se soumettre à sa direction.

« Tu as raison de parler ainsi, lui répond la huppe; on ne peut attendre une plus grande perfection des créatures. Est-on, en effet, maître de soi-même, lorsqu'on suit ses propres caprices? On est bien plutôt son maître, lorsqu'on obéit volontairement. Celui qui se soumet à l'obéissance est délivré des déceptions : il échappe à toutes les difficultés....

» Lorsque l'homme marche constamment dans l'obéissance, il agit conformément à la parole de Dieu... Celui-là n'est pas serviteur de Dieu qui se vante faussement de l'être, mais celui qui se montre fidèle au temps de l'épreuve. Subis cette épreuve et signale ta fidélité. »

Un treizième oiseau se présente; celui-ci est animé des meilleures intentions; il veut agir sincèrement dans la voie de Dieu. « Ce chemin, lui dit la huppe, n'est pas comme les chemins ordinaires : la droiture y suffit pour viatique. Celui qui se décide à le parcourir doit le faire paisiblement et avec simplicité. N'attache pas (à la lettre, ne couds pas) tes deux yeux à la déchirure reprisée *du monde;* que dis-je, brûle entièrement ce que tu possèdes. Lorsque tu auras tout brûlé par tes soupirs enflammés, rassembles-en la cendre et assieds-toi dessus [1]. Alors seulement tu seras libre de toute chose... »

Arrive un quatorzième oiseau. Celui-ci apprécie plus que ses compagnons l'importance des choses spirituelles. L'entreprise que la huppe lui propose lui paraît digne de son ambition. Son corps est faible, dit-il, mais une noble ardeur l'anime. S'il n'est pas empressé à obéir aux préceptes de la religion positive, il n'en est pas moins zélé partisan des doctrines ésotériques.

La huppe approuve dans sa réponse son interlocuteur, et elle cherche à exciter de plus en plus son zèle religieux.

« Celui, dit-elle, dont l'ambition spirituelle n'a pas remué le cœur, ne peut parvenir au royaume éternel...

« Le monde est comme un coffre où nous sommes renfermés et où nous nous livrons follement à nos passions. Lorsque la mort enlève le couvercle de ce coffre, celui qui a des ailes s'envole jusqu'à l'éternité. Quant à celui qui est dépourvu d'ailes, il demeure dans le coffre en proie à mille angoisses. Ne néglige donc pas de donner à l'oiseau de l'ambition *spirituelle* l'aile du sens *mystique;* donne du cœur à la raison et de l'extase à l'âme. Avant qu'on ôte le couvercle de ce coffre, deviens

---

[1] Allusion à une pratique de pénitence usitée dans l'Inde.

oiseau du chemin spirituel, et déploie tes ailes et tes plumes; ou bien, fais mieux encore, brûle tes ailes et tes plumes, et consume-toi toi-même pour arriver plus tôt. »

Le quinzième oiseau est plein de confiance en lui-même. Il se flatte d'aimer la justice et l'équité et d'avoir la fidélité en partage; aussi espère-t-il parvenir à la connaissance des choses spirituelles. La huppe le loue de ses bons sentiments. « Il vaut mieux en effet, lui dit-elle, observer les règles de l'équité que de passer sa vie entière dans les prosternations et les génuflexions du culte extérieur...

« Sois donc attentif aux paroles de la justice et de la fidélité, écoute la lecture du diwan des bonnes œuvres. Si tu es fidèle, entreprends le voyage auquel je te convie; sinon, retires-en ta main! »

Le seizième oiseau a besoin d'être encouragé. Il demande que la huppe répande pour lui à cet effet les paroles du sens spirituel et du mystère. La huppe se rend à ses désirs et s'exprime ainsi: « Pour entrer dans le harem des secrets divins, il faut qu'on soit digne d'y être admis.... Mais le chamelier, obligé de se tenir à l'écart, pourra-t-il être le confident du roi?... S'il y a dans le chemin spirituel un véritable derviche, étranger au monde, le contentement qu'il éprouve lui donne une confiante hardiesse. Il voit *Rab* (Dieu) en tout; il ne connaît pas la distinction de *rab* et de *rob* [1]. Il est hardi par excès d'amour; et dans la folie que lui cause sa passion, il marchera poussé par son ardeur sur la surface même de l'eau. »

Cette dernière métaphore est peut-être un souvenir du miracle de saint Pierre marchant sur l'eau dans son empressement pour aller trouver le Sauveur [2].

Un dix-septième oiseau, qui paraît être le hibou, satisfait apparemment des réponses de la huppe aux difficultés élevées par ses compagnons, vient exposer les sentiments d'amour qu'il ressent pour Sîmorg et sa détermination à tout affronter pour aller le trouver. « Tant que je vivrai, dit-il à la huppe, l'amour de Sîmorg me sera agréable et cher. Séparé de tout, je réside loin de tout, mais je n'abandonne pas la prétention d'aimer cet être mystérieux. J'ai vu toutes les créatures du monde, et, bien loin de m'attacher à quelqu'une, je me suis détaché de toutes. La folie de l'amour de Sîmorg m'occupe seule et me suffit. Une telle folie ne convient pas à tout le monde....

« Le temps est venu où je dois tirer une ligne sur ma vie [3], afin de

---

[1] C'est de ce mot *rob* (proprement *rubb*), qui est arabe, que dérivent les mots *rob* et *sirop* (sy-rop). — [2] Év. saint Matth. xiv, 29.
[3] Pour l'effacer. C'est-à-dire : le temps est venu où je dois mourir.

pouvoir partager la coupe de vin de ma bien-aimée. Alors je rendrai lumineux par sa beauté l'œil de mon cœur. »

Le discours de cet oiseau présomptueux n'inspire pas beaucoup de confiance à la huppe. Aussi lui fait-elle la réponse suivante :

« Ce n'est pas par des prétentions ni par des vanteries qu'on peut devenir commensal de Sîmorg au Caucase. N'exalte pas tant l'amour que tu crois ressentir pour lui, car personne ne peut prendre à son gré cet oiseau dans ses filets. Il faut que le vent de la félicité s'élève pour écarter le voile de la face de ce mystère. Alors Sîmorg t'attirera dans sa voie, et il te fera asseoir tout seul dans son harem... Ton amour pour Sîmorg, sans réciprocité, ne serait qu'un tourment pour toi. Il faut pour ton bonheur que Sîmorg t'aime lui-même. »

Attar appuie d'intéressantes anecdotes cette doctrine, que dans l'amour de Dieu la créature doit être l'objet passif; qu'elle doit répondre à la grâce, mais que d'elle-même elle ne peut rien. Voici à ce sujet quelques singulières maximes d'Attar :

« S'il plaît à Dieu de te gratifier de son amour, c'est pour lui une sorte de jeu qu'il joue avec sa créature. Quant à toi, tu n'es rien et ne peux rien : l'union avec ton Créateur effacera ta nullité... »

Nous avons affaire actuellement à un dix-huitième oiseau qui se flatte d'être arrivé à la perfection par de pénibles austérités, mais qui ne peut se décider cependant au voyage dont il s'agit.

La huppe reprend vivement cet orgueilleux oiseau, pharisien du spiritualisme, qui végète dans les pratiques extérieures, sans s'occuper du but qu'elles doivent avoir. Elle lui dit entre autres choses : « Si une *fausse* lumière provenant de ton âme concupiscente se manifeste à toi, tu dois la considérer comme la piqûre d'un scorpion pour laquelle il te faudrait employer du persil. N'accepte pas la lueur de cette impure lumière. Puisque tu n'es pas le soleil, ne cherche pas à être plus que l'atome... Si l'orgueil de l'existence ne te subjuguait pas, tu n'éprouverais pas de douleur d'être anéanti; mais il te faut la nourriture de l'existence, et, avec elle, l'infidélité et l'idolâtrie. Néanmoins, pendant cette existence, les flèches du malheur t'atteignent de toutes parts. Tant que tu vivras, en effet, tu devras plier ton corps aux douleurs de l'âme et courber ton cou sous cent adversités... Aussi longtemps que tu demeureras dans l'ébahissement et la séduction de l'orgueil, tu resteras éloigné de la vérité. Chasse la stupéfaction, brûle l'orgueil et les suggestions de la nature corrompue... Défais-toi de toute idée d'individualité, et deviens l'ennemi des deux mondes. »

Un dix-neuvième oiseau demande des renseignements précis sur le voyage que la huppe lui propose et qui excite ses alarmes. Il voudrait une direction spéciale, une sorte de grâce efficace qui lui aplanît toute difficulté. Dans sa réponse, la huppe fait allusion à la grâce suffisante, en prêchant le contentement à cet oiseau inquiet, et elle lui recommande de chercher à se corriger de ses propres défauts sans s'occuper de ceux des autres...

Un vingtième oiseau s'enquiert de ce qu'il pourra demander à Sîmorg. La huppe lui répond que la meilleure chose à lui demander c'est lui-même. « Celui, ajoute-t-elle dans le langage allégorique d'Attar, qui a senti l'odeur de la poussière du seuil de sa porte pourrait-il jamais s'en éloigner ?...

» Mais tant que le paradis et l'enfer seront sur ta route, comment connaîtras-tu le secret que je t'annonce ? Lorsque tu laisseras ces deux choses, l'aurore de ce mystère s'élèvera de la nuit... Renonce donc, comme les hommes spirituels, au paradis et à l'enfer ; passe au delà sans y attacher ton cœur, et lorsque tu y auras renoncé et que tu en demeureras séparé, serais-tu femme, que tu deviendrais un homme spirituel. »

Le jeu de mots qui termine cette dernière tirade d'Attar rappelle l'idée défavorable qu'ont des femmes les musulmans. L'état d'asservissement où ils les tiennent généralement détruit en effet souvent en elles toutes les vertus, et les remplace par tous les vices. Les contes arabes, miroir fidèle des mœurs de l'Orient, sont pleins des traits de la sottise et de la perfidie des femmes musulmanes [1]. Dans les ouvrages sérieux, le sujet est traité gravement. C'est ainsi que nous lisons dans Wila, l'historien hindoustani de Scher-Schâh : « Les sages ont dit qu'on ne doit pas avoir confiance aux femmes, qu'il ne faut pas leur confier son secret ni les consulter sur aucune affaire, et qu'il est surtout essentiel de leur cacher son trésor. Celui, ajoute-t-il, qui est épris d'amour pour une femme au point d'être dominé par sa passion, doit au moins le lui laisser ignorer, pour qu'elle n'en abuse pas. Lorsqu'une femme comprend qu'on s'est laissé prendre dans le filet de son amour et qu'on ne peut vivre un instant sans elle, elle ne vous obéit plus, que dis-je ! elle vous considère comme son esclave. Les sages disent que les femmes sont à la fois remarquables par leur manque d'intelligence et par leurs ruses et leurs fourberies. »

Mais revenons à nos oiseaux, ou plutôt aux réflexions dont Attar

---

[1] Voyez entre autres les contes intéressants traduits en allemand par M. de Hammer, et habilement reproduits en français par M. Trébutien, et ceux du scheikh âl-Mohdy, traduits par feu Marcel, et qui ont obtenu l'honneur de deux éditions.

accompagne le dernier discours de la huppe, et qu'il place ici dans la bouche de Dieu :

« Tout ce qui est dans le monde, bon ou mauvais, visible ou invisible, tout cela peut changer, si ce n'est moi-même, qui n'ai ni remplaçant ni pareil. Puisque rien ne peut m'être substitué, ne cesse pas d'être avec moi. Je suis ton âme, ne te sépare pas *de moi*. Je te suis nécessaire, tu es dans ma dépendance, ne sois pas un instant insouciant au sujet de l'être nécessaire... Le monde visible te vend son néant ; quant à toi, prends garde de ne pas vendre Dieu pour rien au monde. Tout ce que tu lui préfères est une idole qui te rend infidèle... »

Nous avons actuellement affaire à un vingt et unième oiseau qui demande à la huppe de lui désigner un rubis précieux à porter à Sîmorg et qui puisse lui être agréable.

On sait en effet qu'on ne se présente généralement pas, en Orient, devant un roi ou même un supérieur sans lui offrir un présent[1], nommé en persan *nazar*, et en hindoustani *bhent*, sorte de tribut par lequel on reconnaît sa dépendance. Ce fut ainsi que les mages, qu'on appelle *Rois*, non pas qu'ils le fussent réellement, mais parce qu'on donne ce titre aux sages dans l'Orient[2] ; que les mages, dis-je, offrirent chacun un présent au Sauveur[3] : le premier de l'or, le second de la myrrhe, et le troisième de l'encens, produits de leurs pays, et qui représentent la *charité*, l'*austérité*, le *désir*, et par lesquels les mages reconnaissent Jésus-Christ comme *roi* (spirituel) et comme *Homme-Dieu*, ainsi qu'il est dit dans la belle prose de l'Épiphanie[4] de nos admirables liturgies de Paris et de Lyon, si supérieures à celle de Rome, et auxquels Parisiens et Lyonnais nous sommes si fidèlement attachés. Or, je ferai remarquer en passant que l'or qu'on a supposé en poudre ou en lingot devait être plutôt monnayé, comme il était d'usage de l'offrir dans l'Inde au sultan de Dehli. Le mot χρυσός, qui est employé dans le texte de l'Évangile, signifie *une pièce d'or* aussi bien que de l'or en général.

« Si tu veux m'obéir, répond la huppe au dernier oiseau qui l'a inter-

---

[1] Conf. Exode xxiii, 15.

[2] En effet les sofis (sages) prennent avant leur nom le titre de *schâh* (roi). Voyez mon « Mémoire sur la religion musulmane dans l'Inde, » p. 21, et celui sur « les noms et titres musulmans ».

[3] Év. de saint Matth. ii, 11.

[4]
Offert aurum caritas,
Et myrrham austeritas,
Et thus desiderium.

Auro rex agnoscitur,
Homo myrrhà colitur,
Thure Deus gentium.

rogée, tu porteras ce qu'on ne trouve pas au pays de Sîmorg. Est-il, en effet, convenable d'y porter ce qu'il y a déjà? Là se trouve la science; là se trouvent les secrets; là se trouve l'obéissance des êtres spirituels. Portes-y donc abondamment l'ardeur de l'âme et la peine de l'esprit; car personne ne doit donner là autre chose. Les soupirs d'amour qui y parviennent y portent le parfum du cœur... »

Enfin, le vingt-deuxième et dernier oiseau de la série de ceux qui demandent à la huppe des explications et des conseils particuliers sur le voyage mystérieux et lointain qu'elle leur a proposé, prend la parole et demande des renseignements positifs sur la route, dont la longueur et la difficulté l'effrayent.

Cette fois, la huppe s'éloigne, dans sa réponse, des généralités philosophiques et mystiques qui distinguent les allocutions précédentes; et elle décrit, aussi nettement que le sujet le comporte, la topographie de la route mystérieuse qui doit conduire les oiseaux à Sîmorg, c'est-à-dire les hommes à Dieu. Cette route passe au travers de sept vallées. Ce sont celles de la recherche, *talab*, de l'amour, *ischc*, de la connaissance, *ma'rifât*, de la suffisance, *istignâ*, de l'unité, *tauhîd*, de l'étonnement, *haïrat*, enfin de la pauvreté, *facr*, et de l'anéantissement, *fanâ*, ces deux dernières dénominations ne désignant qu'une seule vallée.

On comprend aisément que les sept vallées dont il s'agit ici ne sont autre chose que les sept degrés du spiritualisme, degrés que quelques auteurs sofis réduisent à trois ou quatre, et que d'autres portent à quarante. On a vu aussi dans ces sept vallées les sept cieux que Mahomet parcourut le jour du *mi'râj*, c'est-à-dire de sa prétendue ascension au ciel.

Selon les auteurs qui comptent quatre degrés à passer avant de parvenir à la suprême béatitude, le premier c'est le *nâçût* « humanité », dans lequel l'homme doit obéir à la loi *schar'*; le deuxième, le *tarîcat* « le chemin », dans lequel il atteint le *jabrat* « pouvoir » d'être admis dans la voie du spiritualisme sous un *pîr*; le troisième est le *'arif* « connaissance » surhumaine, enfin le quatrième est le *haquîcat* « la vérité[1] ».

Je ferai observer, avec feu S. de Sacy[2], que la distinction des sept vallées que doivent parcourir les oiseaux n'est pas bien marquée, et qu'il est difficile de reconnaître entre elles une gradation rationnelle. On va en juger par des citations textuelles.

---

[1] E. B. Cowell, « Oxford Essays »; H. G. Raverty, « Selections from the poetry of the Afgans, » p. XII.
[2] *Pend-nameh*, p. 168 et suiv.

La huppe prend d'abord, en s'adressant à son interlocuteur, une précaution oratoire. « Nous avons, lui dit-elle, sept vallées à franchir, et ce n'est qu'après ces vallées qu'on découvre le palais de Simorg. Personne ne revient dans le monde après avoir parcouru cette route.... Comment veux-tu donc qu'on puisse t'instruire à ce sujet de manière à calmer ton impatience? Insensé que tu es, puisque tous les mortels se sont égarés dans ce chemin, comment pourront-ils t'en donner des nouvelles? »

Ici la huppe énumère les sept vallées après lesquelles on ne peut avancer. « Là, dit-elle, on est attiré, et cependant on ne peut continuer sa route; une seule goutte d'eau sera pour toi l'Océan. Aussitôt, continue ensuite la huppe, que tu seras entré dans la première vallée (celle de la recherche), la peine et la fatigue ne cesseront pas de t'assaillir. Il te faudra passer plusieurs années dans cette vallée à faire de pénibles efforts pour avancer et pour changer d'état. Il te faudra renoncer, en effet, à ton état actuel, et te jouer de tout ce que tu possèdes. Il te faudra entrer dans une mare de sang en renonçant à tout; et quand tu auras la certitude que tu ne possèdes plus rien, il te restera encore à détacher ton cœur *de tout*. Lorsque ton cœur sera ainsi sauvé de la perdition, la pure lumière du ciel l'éclairera. Alors tes désirs se multiplieront à l'infini. Y aurait-il sur cette route un feu ardent et mille nouvelles vallées plus pénibles à traverser les unes que les autres, que l'homme mû par l'amour s'y engagerait résolûment et se précipiterait, comme le papillon, au milieu de la flamme. Poussé par son amour, il se livrera à la recherche *de l'Être infini,* il demandera à son échanson une gorgée *des doctrines spirituelles.* Lorsqu'il en aura bu quelques gouttes, il oubliera les deux mondes. Submergé dans l'océan de l'*immensité,* il aura cependant les lèvres sèches, et il ne pourra demander qu'à son âme seule le secret de l'éternelle beauté... Si en ce moment la foi et l'infidélité se présentaient ensemble à lui, il les recevrait également volontiers, pourvu qu'elles lui ouvrissent la porte *qui doit le conduire à son but.* En effet, quand cette porte lui est ouverte, que lui importe la foi ou l'infidélité, puisqu'il n'y a là ni l'une ni l'autre? »

Par cette exagération orientale, Attar veut dire que lorsqu'on a le bonheur de posséder Dieu, que la foi reconnaît et que l'incrédulité nie, la foi et l'infidélité deviennent nulles devant la réalité.

Le célèbre poëte hindoustani Sauda a dit dans le même sens : « Je n'ai pas plus de considération pour l'islamisme que pour l'infidélité; je ne recherche que la coupe de vin et l'échanson (Dieu) [1]. » Et Wali : « Non,

---

[1] Gilchrist's « Gramm. », p. 69.

l'amant véritable n'a pas besoin du paradis ; celui qui cherche l'Être qui n'occupe point de place a-t-il besoin d'un lieu pour l'adorer [1] ? »

Le discours de la huppe est ici interrompu par une série d'anecdotes à travers lesquelles Attar poursuit son dogme chéri de l'indifférence à tout, excepté au salut éternel, qui est pour lui l'unification en Dieu.

« Si tu mets de la différence, dit-il, entre le diamant et la pierre que tu tiens également de Dieu, tu n'es pas un homme de la voie spirituelle. Si tu te trouves honoré par le diamant et déshonoré par la pierre, Dieu n'est pas avec toi. Tu ne dois pas plus aimer le diamant que détester la pierre, car l'une et l'autre viennent de Dieu...

» Animé par un ardent désir et par l'espérance, l'homme ne doit pas craindre d'exposer sa vie. Il ne doit pas s'arrêter un instant dans sa recherche ; il ne doit pas demeurer un instant dans l'inaction. S'il s'arrête, il est violemment repoussé loin du chemin.

» Recueille-toi en toi-même, accroupi [2] comme l'enfant dans le sein de sa mère. Ne quitte pas l'intérieur pour te produire à l'extérieur. A défaut de pain, sache te nourrir de sang. C'est le sang seul qui nourrit l'enfant dans le sein de sa mère, et c'est de l'intérieur et non de l'extérieur qu'il vient...

» Si tu te laisses aller au moindre orgueil, tu n'es plus maître de ton cœur, tu perds ton intelligence comme si tu étais enivré par la boisson...

» Ne détourne pas ta tête de ce chemin, jusqu'à ce qu'on t'y conduise ; reste auprès de cette porte jusqu'à ce qu'elle te soit ouverte. N'aie pas les yeux fermés ; cherche bien et tu trouveras. »

C'est ainsi que la huppe termine les avis dont elle accompagne la description de la première vallée, la vallée de la recherche. Puis elle continue d'exposer la topographie de la route mystique qui conduit à l'Être allégorique qui représente la Divinité.

La seconde vallée est celle de l'amour [3].

« Pour entrer dans la vallée de l'amour, *ischc*, dit la huppe, il faut se plonger dans le feu ; que dis-je ! on doit être du feu soi-même, car autrement on ne pourrait y vivre. Quand on aime véritablement on est pareil au feu, on a le visage enflammé, on est brûlant et impétueux comme le feu. Pour aimer, il ne faut pas avoir d'arrière-pensée ; il faut

---

[1] Page 25 de mon édition, l. 22 et 23.

[2] La posture recommandée ici par Attar est en effet celle dans laquelle se tiennent les sofis pour méditer. Voyez le portrait de Saadi que j'ai publié dans ma *Notice sur les premières poésies hindoustanies*. (*Journal asiatique*, 1843.)

[3] Young a dit (Nuit IXe) :

Love finds admission where proud science fails.

être disposé à se jeter dans les flammes et à y livrer cent mondes... Dans ce chemin, il n'y a pas de différence entre le bien et le mal. Avec l'amour, en effet, ni le bien ni le mal n'existent plus. Mais tu es indifférent à ce discours, il ne te touche pas, tu le repousses, tes dents ne peuvent y mordre...

» Tu dois ressembler au faucon, qui ne cesse d'être en proie au feu de l'agitation tant qu'il ne parvient pas à son but. Si le poisson est jeté par la mer sur la plage, il s'agite jusqu'à ce qu'il soit retourné dans l'eau. L'amour, dans cette vallée, est représenté par le feu, et la raison par la fumée. Lorsque l'amour vient, la raison s'enfuit au plus vite. La raison ne peut demeurer avec la folie de l'amour; l'amour n'a rien à faire avec la raison humaine.

» Il faut pour cet amour un homme éprouvé et libre. Tu n'as pas encore ce qui est nécessaire pour ce sentiment; que dis-je! tu es mort, comment y serais-tu propre? »

Nous arrivons actuellement à la troisième vallée, c'est-à-dire à celle de la connaissance, *ma'rifât*. Voici comment s'exprime la huppe à ce sujet :

« Lorsqu'on a franchi, dit-elle, les deux premières vallées, on aperçoit celle de la connaissance, qui n'a ni commencement ni fin. Qui ne serait découragé par la longueur du chemin qu'il faut faire à travers cette vallée? Là, en effet, il n'y a pas de *route tracée;* aucun chemin n'est pareil à celui-là. Mais autre est le voyageur temporel, autre le voyageur spirituel. L'âme progresse en perfection, tandis que le corps décline dans l'imperfection. Or, la vision spirituelle ne se manifeste aux créatures que dans les limites de leurs forces respectives. Comment, en effet, dans ce chemin que parcourut Abraham, l'ami de Dieu, une faible araignée pourrait-elle suivre le pas de l'éléphant? La marche de chaque individu est relative à l'excellence qu'il a pu acquérir, et il ne s'approchera du but qu'en raison de sa préparation. Si un moucheron volait de toute sa force, pourrait-il jamais égaler la rapidité du vent? Puisqu'il y a donc différentes manières de parcourir un espace, chaque oiseau ne peut voler de même. Dans cette vallée, la connaissance *spirituelle* a différentes faces. Les uns y trouvent le *mihrab*, les autres l'idole [1]. Lorsque le soleil de la connaissance brille à la voûte de ce chemin, qu'on ne saurait convenablement décrire, chacun en est éclairé selon sa disposition, et il trouve le rang qui lui est assigné dans la vérité. Le mystère

---

[1] Le *mihrab* représente l'islamisme, et l'*idole* le paganisme, c'est-à-dire la foi et l'infidélité. Attar veut dire que la connaissance imparfaite des choses spirituelles conduit les uns à la foi et les autres à l'infidélité.

se manifestera dans le feu, et ainsi la fournaise du monde deviendra un jardin de fleurs [1]. L'adepte verra l'amande au travers de sa pellicule [2]. Il ne se verra plus lui-même; il ne verra que son ami. Dans tout ce qu'il verra, il verra sa face; dans chaque atome, il verra le tout. Il apercevra sous le voile des milliers de secrets aussi brillants que le soleil. Mais combien d'individus ne se sont-ils pas perdus *dans cette recherche,* pour un seul qui a pu découvrir ces mystères! Il faut être parfait, si on veut franchir cette route difficile et se plonger dans cette mer orageuse. « Quand même tu atteindrais de ta main le trône glorieux, ne cesse pas un instant de prononcer ces mots du Coran: « N'y a-t-il rien de plus [3]?... »

» Ce monde, palais de douleur, est tout obscurité [4]; mais la science *spirituelle* y brille comme une lampe pour éclairer le chemin. Ce qui, en effet, guidera ton âme dans ce lieu obscur, c'est le joyau de la science, de cette science qui dilate le cœur; car, dans ces ténèbres qui n'ont ni commencement ni fin, tu es comme Alexandre [5], sans guide...

» Si tu restes en arrière dans ce chemin, malheur à toi, tu te perdras et n'auras d'autre ressource que les larmes. Si tu te prives de dormir pendant la nuit et que tu ne boives pas de vin pendant le jour, tu pourras trouver ce que tu cherches; mais il est inutile que tu te livres à cette recherche si tu ne peux t'imposer ces privations.... Celui qui a longtemps supporté la veille a eu son cœur éveillé quand il s'est approché de Dieu. Puisqu'il faut se priver de sommeil pour avoir le cœur éveillé, dors peu, et tu conserveras ta fidélité...

» Si tu te contentes du royaume de ce monde, tu perdras celui de l'éternité. La *vraie* royauté réside dans la connaissance spirituelle; fais tes efforts pour y parvenir. Celui qui s'est enivré de la contemplation des choses spirituelles est roi parmi les créatures [6]. Pour lui le royaume de la terre n'est qu'une possession vulgaire, et le ciel n'est qu'un navire [7] de l'Océan... »

Après les réflexions dont la huppe fait suivre la topographie de la troisième vallée, elle décrit la quatrième. Voici ce tableau, dont l'obscurité mystique ne le cède en rien au précédent.

---

[1] Allusion à la légende apocryphe de la fournaise où fut jeté Abraham.

[2] C'est-à-dire Dieu à travers les voiles sensibles.

[3] *Coran*, L, 29.

[4] M. Mullach, professeur à l'université royale de Berlin, me signale une expression pareille dans Empédocle : « Le monde, dit ce philosophe, est une prairie de malheur et d'obscurité. » Ἄτης λειμῶνά τε καὶ σκότου. P. 165, édit. Karsten.

[5] Allusion à la recherche de l'eau de la vie que fit Alexandre, selon les Orientaux.

[6] Dans l'Inde, on nomme *schâh* « roi » les faquirs. Dans ce cas, ce titre se met en général avant leur nom, tandis qu'on le met ordinairement après lorsqu'il s'agit d'un souverain.

[7] Double jeu de mots entre *milk* « possession » et *mulk* « royaume », et entre *falak* « ciel » et *fulk* « navire », lesquels, sans points-voyelles, s'écrivent de la même manière.

« Vient ensuite, dit la huppe, la vallée de la suffisance, *istignâ;* là, il n'y a ni prétention à avoir, ni sens spirituel à découvrir. De cette atonie de l'âme il s'élève un vent froid dont la violence ravage en un instant un espace immense. Les sept océans ne sont plus alors qu'une mare d'eau, les sept planètes qu'une étincelle, les sept cieux qu'un cadavre, les sept enfers que de la glace brisée...

» Souviens-toi que pour qu'Adam fût éclairé de la lumière céleste, des milliers d'êtres aux vêtements verts furent brûlés par l'affliction [1]. Pour que Noé fût sauvé dans l'arche, des milliers de corps furent privés de la vie. Des milliers de moucherons tombèrent sur l'armée d'Abrahah [2], pour que ce roi levât le siége de la Mecque, et des milliers d'enfants eurent la tête tranchée, par l'ordre de Pharaon, pour que Moïse vît Dieu. Des milliers d'hommes prirent la ceinture des chrétiens pour que Christ fût le *mahram* des secrets de Dieu. Des milliers d'âmes et de cœurs furent au pillage pour que Mahomet montât une nuit au ciel...

» Si tu voyais le monde brûlé jusqu'au cœur par le feu [3], ce ne serait qu'un songe *au prix de la réalité.* Les milliers d'âmes qui tombent sans cesse dans cet océan sans limite ne sont qu'une légère et imperceptible rosée. Ainsi des milliers d'individus se livreraient au sommeil sans provoquer par là le soleil à les couvrir de son ombre....

» Quand même les deux mondes seraient anéantis tout à coup, il ne faudrait pas nier l'existence. Si la partie et le tout cessaient d'exister, ne resterait-il pas un fétu sur la face de la terre? Quand même les neuf coupoles de l'univers seraient détruites, on pourrait se contenter d'une goutte d'eau des sept océans. »

Ces derniers mots font peut-être allusion à la doctrine de Thalès, déjà mentionnée; ou bien ils sont simplement le développement de la pensée qui précède sur le fétu, qui peut servir d'élément à la reproduction du monde. La même pensée s'applique avec justesse à la résurrection des corps dispersés en parcelles, ou réduits en poussière, et rendus à une existence spéciale par un miracle de la toute-puissance de Dieu.

Un peu plus loin, Attar parle de l'avancement dans la voie spirituelle.

« Cette vallée, dit-il, n'est pas aussi facile à franchir que ton igno-

---

[1] Je pense que c'est une allusion à la légende de l'adoration d'Adam par les anges couverts des vêtements verts du paradis. Ce ne fut pas en effet sans répugnance, selon cette légende, qu'ils adorèrent Adam. Beaucoup même d'entre eux, ayant Satan à leur tête, refusèrent d'obéir à Dieu sur ce point.

[2] Allusion à une légende connue de l'histoire des Arabes. (Voyez C. de Perceval, *Essai sur l'histoire des Arabes*, t. I, p. 67.) Ce vice-roi de l'Arabie Heureuse fit rédiger pour les chrétiens du pays des Himyarites un code de lois dont la rédaction existe en langue grecque et a été publiée par feu Boissonade.

[3] A la lettre, « ayant le cœur comme de la viande rôtie. »

rance peut te le faire croire.... Quand même tu parcourrais toutes les routes possibles du monde, tu te trouverais toujours, si tu y fais attention, au premier pas. En effet, aucun voyageur *spirituel* n'a vu le terme de son voyage ; nul n'a trouvé le remède de son amour. Si tu t'arrêtes, tu es pétrifié ; ou bien tu meurs et tu deviens un cadavre. Si tu continues à marcher, et que tu avances toujours dans ta course, tu entendras jusqu'à l'éternité ce cri : « Avance encore. » Il ne t'est permis ni d'aller en avant, ni de t'arrêter... »

Attar explique ici, par une ingénieuse comparaison, le néant du monde. « Ne sais-tu pas, dit-il, comment l'astrologue procède quand il veut chercher un horoscope ? Il prend une tablette recouverte de sable, il y trace la figure du ciel et de la terre, des étoiles et des planètes, des constellations et des signes du zodiaque, du lever et du coucher des astres. Puis il en tire de bons ou de mauvais augures, il fixe le moment de la naissance et celui de la mort. Quand il a terminé ses opérations, il rejette la tablette ; les figures s'effacent, et on dirait qu'elles n'ont jamais existé. Or, le monde n'a pas plus de consistance que ces figures astrologiques [1].... Dans la vallée de la suffisance, il ne doit plus rester pour le voyageur aucune trace des deux mondes ; mais tu n'as pas le courage d'y entrer. En effet, serais-tu *lourd* comme la *montagne* (koh), que tu serais ici aussi *léger* que la *paille* (kah). »

Nous voici arrivé actuellement à la cinquième vallée, à l'importante vallée de l'unité, *tauhîd*. C'est ici que la huppe va encore prêcher aux oiseaux l'unité absolue des êtres, et par suite celle des actions ou leur indifférence.

« Ensuite, dit-elle à son interlocuteur et en sa personne à l'ordre entier des oiseaux, tu auras à traverser la vallée de l'unité, lieu de l'anéantissement de toutes choses et de leur unification.... Quoique tu voies dans ce chemin beaucoup d'individus, il n'y en a en réalité qu'un petit nombre ; que dis-je, il n'y en a qu'un seul. Ce qui se présente à toi comme unité n'est pas différent de ce qui se compte [2]...

» Le monde visible où se trouvent à la fois l'honneur et l'infamie est semblable à un palmier fait avec de la cire diversement colorée. Si quelqu'un manie cet arbre, il redevient comme auparavant, une masse informe de cire. Puisqu'il en est ainsi, va, et sois convaincu que les cou-

---

[1] On trouve une expression semblable dans l'hymne de la Septuagésime de la liturgie parisienne :

<pre>Hic exules, hic advenæ (vos, Christi fideles asseclæ)
Mundi figuram spernitis.</pre>

[2] Si j'osais faire cette comparaison, je dirais que le raisonnement d'Attar rappelle la doctrine du symbole de S. Athanase sur la sainte Trinité : *unité d'essence et trinité de personnes.*

leurs que tu admirais ne valent pas une obole. Puisqu'il y a unité, il ne peut y avoir dualité. Ici ni le moi ni le toi ne peuvent surgir...

» Dans cette vallée, l'œil de l'homme n'aperçoit rien d'accessible aux sens. Là, il n'y a ni caaba, ni pagode [1]... L'homme est en l'Être infini, par lui et avec lui, et il est en dehors de ces trois choses. Quiconque ne s'est pas perdu dans l'océan de l'unité, serait-il Adam lui-même, n'est pas digne d'appartenir à l'humanité. Qu'on soit du nombre des bons ou des méchants, on trouvera toujours un soleil de *grâce* dans le giron du monde invisible. Il viendra un jour où ce soleil rejettera le voile qui le cache. Quiconque est parvenu auprès de ce soleil est indifférent au bien et au mal. En effet, tant que tu vis individuellement, le bien et le mal existent pour toi; mais lorsque tu es perdu *dans ce soleil,* tout devient amour. »

Ici, le poëte s'aperçoit qu'il se perd dans sa théorie unitaire, et il s'écrie :

« O Attar, cesse tes discours métaphoriques et reprends la description de la vallée mystérieuse de l'unité. »

En effet, le zélé sofi reprend la description tout aussi métaphorique de la cinquième vallée.

« Lorsque le voyageur de la vie spirituelle, dit-il, entre dans cette vallée, il disparaît ainsi que la terre qu'il foule aux pieds. Il sera perdu, parce que l'Être unique sera manifeste; il restera muet, parce que cet être parlera. La partie deviendra le tout; ou plutôt elle ne sera ni partie ni tout; elle sera comme une figure sans corps ni âme.... Dans l'école de ce secret merveilleux, tu verras des milliers d'intelligences les lèvres desséchées par le mutisme. Qu'est-ce en effet que l'intelligence? elle est tombée sur le seuil de la porte comme l'aveugle-né. Celui au *contraire* dont l'esprit est illuminé par l'éclat de ce mystère, détourne la tête du royaume des deux mondes.... L'Être que j'annonce n'existe pas *isolément.* Tout le monde est cet être. Existence ou néant, c'est toujours cet être. »

Attar quitte enfin la cinquième vallée et arrive à la sixième, qui est celle de *l'étonnement (haïrat),* c'est-à-dire du degré de la vie spirituelle où l'âme est dans un tel état de stupéfaction qu'elle ignore si elle existe ou si elle a cessé d'exister. Voici en quels termes Attar décrit la vallée qui représente ce degré mystique :

« Après la cinquième vallée, dit la huppe aux oiseaux, on trouve celle de l'étonnement. Là, on est en proie à la tristesse et aux gémissements;

---

[1] Le poëte hindoustani Dard a dit aussi :

« Notre temple est à la fois une chapelle chrétienne, une synagogue, une pagode, la caaba; nous sommes tous égaux ici, et Dieu est au milieu de nous. » Gilchrist's Grammar, p. 236.

là, chaque respiration sort de la poitrine comme une épée, chaque souffle est un amer soupir. Ce ne sont que plaintes, que douleurs, qu'ardeur brûlante. C'est à la fois le jour et la nuit, mais ce n'est ni la nuit ni le jour. Là, de l'extrémité de chaque cheveu, sans qu'il soit même coupé par les ciseaux, on voit dégoutter du sang. Là un feu dévorant attaque l'homme; il est brûlé et consumé par l'amour. Comment dans sa stupeur pourrait-il avancer? il restera ébahi et se perdra en chemin.

» Celui qui a gravé dans son cœur l'unité, *tauhîd,* oublie tout et s'oublie lui-même. Si on lui dit : Es-tu ou n'es-tu pas? reconnais-tu ou méconnais-tu l'existence? en fais-tu partie ou es-tu en dehors? es-tu sur le bord de cet *océan,* es-tu visible ou invisible? es-tu périssable ou immortel? es-tu l'un et l'autre à la fois, ou ni l'un ni l'autre? as-tu enfin le sentiment de ton existence ou ne l'as-tu pas? Il répondra positivement : Je n'en sais rien; je l'ignore et je m'ignore moi-même.... »

Pour bien faire comprendre ce qu'il entend par l'*étonnement,* Attar offre le tableau de ce sentiment tel qu'on peut l'éprouver, même pour des choses temporelles. Il suppose que les jeunes compagnes d'une princesse voulurent un jour s'amuser aux dépens d'un esclave. Elles lui firent boire du vin dans lequel elles avaient eu soin de jeter une drogue narcotique, et, lorsqu'il fut endormi, elles le firent transporter dans le harem. Au milieu de la nuit, quand l'esclave se réveilla, il se trouva sur un canapé doré, entouré de bougies parfumées, de cassolettes d'aloès et de femmes charmantes dont les chants le ravirent. Il éprouva alors l'état d'ébahissement dont Attar veut donner une idée. « Déconcerté, dit le poëte, et stupéfait, il ne lui resta ni raison ni vie. Il n'était plus dans ce monde, et il n'était pas dans l'autre[1]. Son cœur était plein d'amour pour la belle princesse qui présidait à la réunion; mais sa langue était muette. Son esprit était en extase.... Au matin, on ramena l'esclave à son poste par le procédé de la veille. A son réveil, le souvenir cruel de la nuit passée lui arracha des cris involontaires. Il déchira ses vêtements, il mit ses cheveux en désordre et jeta de la terre sur sa tête. On lui demanda ce qu'il avait, mais il ne sut que répondre. Il ne put dire si ce qu'il avait vu était un songe ou une réalité; s'il avait passé la nuit dans l'ivresse ou en pleine possession de ses facultés. Ce qu'il avait vu avait fait une profonde impression dans son esprit, et cependant il n'en trouvait pas une trace certaine. Il avait contemplé une ineffable beauté, et il

---

[1] Comme il s'agit ici d'une allégorie mystique, on me permettra de rapprocher ce passage de celui de saint Paul, II Cor., xii, 2.

n'avait pas cependant la certitude de l'avoir vue. Il n'avait retiré de cette vision que trouble et incertitude. »

Nous voici enfin à la septième vallée ou étape du chemin du ciel, dernier degré de la vie spirituelle auquel Attar donne le double nom de vallée du dénûment, *facr,* et de la mort ou anéantissement spirituel, *fanâ,* parce que ce degré exige le détachement absolu de la vie extérieure et de tout ce qui peut la faire aimer.

« Après la sixième vallée, dit la huppe, vient enfin celle du dénûment et de la mort, dont il est impossible de faire l'exacte description. Ce qu'on peut nommer l'essence de cette vallée, c'est l'oubli, le mutisme, la surdité et la pâmoison. C'est là que l'homme voit s'évanouir, par un seul rayon du soleil *de la spiritualité,* les milliers d'ombres éternelles qui l'entouraient. Lorsque l'océan de l'immensité agite ses vagues, comment les figures qui sont tracées sur sa surface pourraient-elles subsister? Or ces figures ne sont autre chose que le monde présent et le monde futur, que nous devons, en effet, considérer comme un pur néant. Celui qui s'est perdu dans cet océan y est pour toujours en repos. Dans cette mer paisible, il ne trouve autre chose que l'anéantissement.

» Le bois d'aloès et le bois de chauffage, mis au feu, se réduisent également en cendre; sous deux formes, ils ne sont qu'une même chose, et cependant leurs qualités sont bien distinctes. Un objet immonde a beau tomber dans un océan d'eau de rose, il restera dans l'avilissement à cause de ses qualités impures; mais si une chose pure tombe dans le même océan, elle perdra son existence particulière.... et en cessant d'exister isolément, elle participera à la beauté de cet océan.... »

Ces dernières pensées ont trait à la doctrine de la métempsycose, qui est admise par les sofis, ainsi qu'on l'a vu dans le huitième article de leur symbole. En effet, l'âme épurée seule peut s'unifier à Dieu, rien d'impur ne peut s'y joindre. C'est au moyen de la métempsycose que ce résultat s'obtient pour la généralité des hommes. Les sofis seuls ne sont pas destinés à languir sur la terre, mais les méchants y sont tenus longtemps dans différents corps, comme en enfer, en punition de leurs péchés.

Pour bien expliquer ce qu'il entend par le *dénûment* (*facr*), et par la *mort* (*fanâ*), Attar les compare au brûlement du papillon à la flamme de la bougie, et il cite à ce sujet une parabole qui rappelle l'ingénieuse allégorie de Mucaddéci sur le même sujet. Écoutons Attar :

« Une nuit, dit-il, les papillons se réunirent tourmentés du désir de s'unir à la bougie. Ils furent tous d'avis qu'il fallait qu'un d'eux pût s'en informer et leur en donner des nouvelles. Un papillon fut envoyé jusqu'à un château lointain, et il aperçut dans l'intérieur la lumière de la bougie. Il revint et rapporta ce qu'il avait vu. Il se mit à faire la description de la bougie selon la mesure de son intelligence; mais le papillon judicieux qui présidait cette réunion dit que le papillon explorateur n'avait aucune connaissance de la bougie. Un autre papillon alla passer auprès de la lumière et s'en approcha d'assez près. Il toucha de ses ailes la flamme de l'objet de son désir; la bougie fut victorieuse et il fut vaincu. Il revint lui aussi, et il dit quelque chose sur le mystère à découvrir; il expliqua un peu en quoi consistait l'union avec la bougie. Mais le chef des papillons trouva que son explication n'était guère plus satisfaisante que la première. Un troisième papillon se leva, ivre d'amour; il alla se précipiter éperdument sur la flamme de la bougie.... Il se perdit lui-même et s'identifia joyeusement avec la flamme. Il s'embrasa complétement, et son corps devint rouge comme le feu lui-même. Lorsque le chef de la réunion vit de loin que la bougie s'était identifié le papillon et lui avait donné ses qualités : Ce papillon, dit-il, a appris ce qu'il voulait savoir, mais lui seul le comprend, et voilà tout.

» En effet, celui qui a perdu la trace et l'indice *de sa propre existence* saura ce que c'est que l'anéantissement. Tant que tu n'ignoreras pas ton corps et ton âme, tu méconnaîtras l'objet qui mérite ton amour.... »

La terrible description des sept mystérieuses vallées était bien faite pour décourager les oiseaux; aussi Attar nous apprend-il qu'après l'avoir entendue, ils eurent le cœur serré et la tête basse. « Tous comprirent, dit-il, que cet arc difficile à tendre ne convenait pas à un poignet impuissant. Ils furent donc terrifiés par le discours de la huppe, et un bon nombre d'entre eux moururent au lieu même de la réunion. Quant aux autres oiseaux, ils consentirent, malgré leur stupéfaction, à se mettre en route. Ils voyagèrent pendant des années entières par monts et par vaux, et une grande partie de leur vie s'écoula pendant ce temps[1]. Comment développer d'une manière exacte ce qui leur arriva dans ce long chemin? Il faudrait pouvoir y entrer soi-même un instant pour y jeter un coup d'œil et en voir toutes les sinuosités. On saurait alors ce que firent ces oiseaux, on apprendrait tout ce qu'ils souffrirent.

» A la fin, une bien petite partie de cette troupe parvint au but... Les uns furent submergés dans l'Océan, les autres furent anéantis et disparurent. D'autres périrent sur la cime de hautes montagnes, dévorés par la soif et en proie à toutes sortes de maux. D'autres, par l'effet de la chaleur du soleil, eurent les plumes brûlées et le cœur desséché; d'autres

---

[1] Ceci rappelle les quarante années que les Israélites passèrent dans le désert avant d'arriver à la terre promise qui était l'emblème du ciel.

furent tristement dévorés, en un instant, par les tigres et les panthères du chemin, tombant saisis de terreur, sans résistance, entre leurs griffes; d'autres moururent de fatigue dans le désert; d'autres s'entretuèrent follement pour un grain; d'autres éprouvèrent toutes sortes de peines et de fatigues, et finirent par rester en route sans pouvoir atteindre à leur but; d'autres, ébahis par la vue des phénomènes de la route, s'arrêtèrent ensemble au même endroit; d'autres, occupés seulement de curiosité et de plaisir, périrent sans songer à l'objet de leur recherche.

» Les oiseaux qui s'étaient mis en route remplissaient le monde, et il n'en arriva que trente; encore ces oiseaux étaient-ils sans plumes ni ailes, épuisés et abattus, le cœur brisé, l'âme affaissée, le corps harassé de fatigue. »

L'allégorie d'Attar est belle, il me semble. Elle présente le tableau de l'effrayante vérité du petit nombre des élus. C'est une éloquente parabole destinée à appeler l'attention sur ce dogme terrible.

Nous voyons enfin les trente oiseaux élus arriver auprès de *Sîmorg,* de cet oiseau mystérieux dont le nom signifie *trente oiseaux.* Ainsi ils se retrouvent eux-mêmes dans Sîmorg. C'est, pour me servir des expressions *sofiques,* le rayon qui retourne au soleil, la goutte d'eau dans l'Océan, le tesson à la terre. Écoutons la description de ce moment solennel.

« Alors ils virent, dit Attar, cette majesté qu'on ne peut décrire et dont l'essence est incompréhensible, cet Être qui est au-dessus de l'esprit, de l'intelligence et de la science. Alors l'éclair de la satisfaction brilla pour eux; ils virent cent mondes s'évanouir en un clin d'œil comme s'ils étaient consumés par le feu. Ils virent réunis des milliers de soleils plus resplendissants les uns que les autres; des milliers de lunes et d'étoiles toutes extrêmement belles, et ils restèrent étonnés et agités comme le vacillant atome...

» Un noble chambellan d'entre les officiers du roi, qui vit ces trente malheureux oiseaux, sans plumes ni ailes, et l'esprit abattu, leur demanda d'où ils venaient et pourquoi ils s'étaient rendus en ce lieu.

» Nous sommes venus, répondirent-ils, afin que Sîmorg soit notre roi. L'amour que nous ressentons pour lui a troublé notre raison. Pour suivre la voie qui devait nous conduire à lui, nous avons perdu notre esprit et notre repos. Il y a longtemps que nous avons entrepris ce voyage. Nous étions alors des milliers, et trente seulement d'entre nous sont arrivés ici. Nous sommes venus de bien loin, espérant pénétrer auprès de cette sublime majesté... et d'être enfin favorisés de son bienveillant regard. »

Le chambellan fait d'abord des difficultés ; il leur dit que le roi n'a pas besoin d'eux : « Avec vous ou sans vous, ajoute-t-il, il subsistera éternellement. Des milliers de mondes pleins de créatures n'ont pas plus de valeur qu'une fourmi à la porte de ce roi. »

Ce chambellan de la grâce, comme le nomme Attar, les introduit enfin :

« Alors un monde *nouveau* se présenta sans voile à ces oiseaux, et la plus vive lumière éclaira cette manifestation. Tous s'assirent sur le sofa (*masnad*) de la proximité, sur la banquette [1] de la majesté et de la gloire. Toutefois, on leur présenta un écrit en leur disant de le lire jusqu'au bout. Or, cet écrit devait leur faire connaître par allégorie leur véritable position. »

Attar compare l'écrit dont il s'agit ici au reçu que, d'après une légende rabbinico-musulmane, les frères de Joseph firent à Malik (le marchand ismaélien), des vingt pièces d'argent qu'il leur donna de Joseph [2], reçu que Joseph montra à ses frères pour se faire connaître à eux, lorsque ces derniers vinrent en Égypte s'offrir en esclavage pour avoir les moyens de vivre, renonçant ainsi (pour me servir du jeu de mots persan) à l'*eau* (c'est-à-dire à l'honneur) pour le *pain*. Joseph, prétextant que personne ne comprenait ce reçu, écrit en langue hébraïque, leur en demanda l'explication. Mais en l'apercevant, un tremblement convulsif s'empara de leurs membres, leurs yeux se troublèrent, leur langue resta muette. L'écrit qui fut remis aux oiseaux produisit sur eux le même effet, car ils y lurent l'histoire de leur vie.

Il est de foi chez les musulmans [3], que chaque homme recevra, le jour du jugement, un livre où les anges auront écrit ses actions. Le Nouveau Testament nous enseigne la même doctrine. On y lit en effet (Apocal. xx, 12) : « Des livres furent ouverts, après quoi on en ouvrit encore un autre qui était le livre de vie, et les morts furent jugés sur ce qui était écrit dans ces livres, selon leurs œuvres. » On chante aussi journellement dans nos églises (Prose des morts, *Dies iræ*) :

> Liber scriptus proferetur
> In quo totum continetur.

C'était sans doute ce livre mystérieux qui fut remis aux trente oiseaux et qui leur fit éprouver une telle crainte et une telle confusion que leur corps s'évanouit et que leur âme fut anéantie. Puis, lorsqu'ils eurent été ainsi entièrement purifiés et dégagés de toute chose, ils trouvèrent en Sîmorg une nouvelle vie.

---

[1] J'emploie ces mots à dessein pour montrer qu'ils partagèrent le trône de Sîmorg, d'après l'usage de l'Orient.

[2] Conf. *Genèse,* xxxvii, 28. — [3] Voyez mon *Exposition de la foi musulmane,* p. 17.

Cette singulière croyance de l'anéantissement des êtres avant leur résurrection, qui devient ainsi une véritable création, est un dogme de la religion musulmane fondé sur un texte du Coran [1].

Mais écoutons la suite du récit d'Attar: « Les trente oiseaux, dit-il, revinrent ainsi à la vie et furent de nouveau plongés dans la stupéfaction. Tout ce qu'ils avaient pu faire anciennement fut purifié et entièrement effacé de leur cœur. Le soleil de la familiarité darda sur eux ses rayons et leur âme en fut resplendissante. Alors, dans le reflet de leur visage ces trente oiseaux (*sî morg*) visibles [2] contemplèrent la face de *Sîmorg* invisible. Ils se hâtèrent de regarder *Sîmorg*, et ils s'assurèrent qu'il n'était autre que *sî morg* (trente oiseaux), c'est-à-dire eux-mêmes. Ils tombèrent tous dans l'ébahissement; ils ignoraient s'ils restaient eux-mêmes ou bien s'ils étaient devenus Sîmorg. Ils s'assurèrent enfin qu'ils étaient véritablement Sîmorg et que Sîmorg était réellement les trente oiseaux (*sî morg*). Lorsqu'ils regardaient du côté de Sîmorg, ils voyaient que c'était bien l'être qui régnait en ces lieux; et s'ils portaient leurs regards vers eux-mêmes, ils voyaient qu'ils étaient eux-mêmes cet être. Enfin, s'ils regardaient à la fois des deux côtés, ils s'assuraient qu'eux et Sîmorg ne formaient qu'un seul être. Cet être était Sîmorg et Sîmorg était cet être [3]...

« Alors tous ces oiseaux, plongés dans la stupeur, se livrèrent à la méditation sans pouvoir méditer. Comme ils ne comprenaient rien à cet état de choses, ils interrogèrent Sîmorg [4]. Ils lui demandèrent de leur dévoiler ce merveilleux secret, de leur donner la solution du mystère de la pluralité et de l'unité des êtres [5]. Sîmorg leur fit cette réponse: « Le

[1] Sur. LV, v. 26, 27.
[2] Il y a proprement dans le texte les *trente oiseaux du monde;* mais, comme l'a fait observer avec raison feu S. de Sacy, dans les *Notices*, t. XII, p. 311, les trente oiseaux représentent ce qui est visible, c'est-à-dire les créatures, et Sîmorg l'invisible, c'est-à-dire le Créateur.
[3] Le célèbre spiritualiste persan Jalàl uddin, surnommé *Rûmî*, à cause de sa résidence en Grèce, a dit dans son *Masnawî:* « Les gens parfaits qui connaissent la réalité des choses en sont hors d'eux-mêmes, ébahis, ivres, insensés. Ils ne doivent pas cependant tourner le dos, mais au contraire regarder en face. Celui-ci verra le visage de son ami, celui-là ne verra que le sien propre. Regarde bien cette double figure, fais-y une sérieuse attention, et, si Dieu veut, ta dévotion te fera reconnaître ce que c'est que ce visage. Il faut ici la vue perspicace du mage: elle lui ouvrira la porte du bonheur... Lorsque notre âme n'est pas éveillée en Dieu, notre éveil n'est que l'esclavage des sens... Celui-là est endormi qui met son espérance dans chaque rêve de son imagination, et qui s'entretient avec elle; qui ne quitte jamais la fantaisie pour la réalité, et qui tombe ainsi dans cent infortunes.... Les différentes religions sont comme des vêtements divers; mais celui du contemplatif est simple, brillant et d'une seule couleur. L'ennui ne naît pas de cette couleur uniforme, pas plus qu'il ne naît de l'eau pour le poisson. Il y a sur la terre mille choses diverses; toutefois le poisson n'aime pas cette variété. Mais qu'est-ce que le poisson, qu'est-ce que l'Océan, pour que je puisse les employer en comparaison à l'égard de Dieu, dont l'excellence et la gloire sont incomparables?... »
[4] Il y a de plus dans le texte ici et en parlant de Sîmorg : « *sans se servir de la langue.* »
[5] A la lettre, du *nous* et du *toi*.

soleil de ma majesté, dit-il, est un miroir; celui qui le contemple y voit son âme et son corps; il s'y voit tout entier. Puisque vous êtes venus ici trente oiseaux, vous trouvez trente oiseaux (*sî morg*) dans ce miroir. S'il arrivait encore quarante ou cinquante oiseaux, le rideau qui cache Sîmorg serait également ouvert. Quoique vous soyez extrêmement changés, vous vous voyez vous-mêmes tels que vous étiez auparavant [1].

» Comment l'œil d'une créature pourrait-il parvenir jusqu'à moi [2]? Le regard de la fourmi peut-il atteindre aux Pléiades? Vit-on jamais cet insecte soulever une enclume, et un moucheron saisir de ses dents un éléphant? Tout ce que tu as cru ou vu n'est ni ce que tu as cru, ni ce que tu as vu; et ce que tu as dit ou entendu n'est pas non plus cela. Lorsque vous avez franchi les vallées *du chemin spirituel*, lorsque vous avez fait de bonnes œuvres, vous n'avez agi que par mon action, et vous avez pu ainsi voir la vallée de mon essence et de mes perfections. Anéantissez-vous donc en moi, glorieusement et délicieusement, pour vous retrouver vous-mêmes en moi. Les oiseaux s'anéantirent en effet pour toujours dans Sîmorg; l'ombre se perdit dans le soleil. »

Telle est la conclusion [3] du célèbre poëme allégorique que je viens de faire connaître. Le dernier chapitre de Mucaddécî est une sorte de résumé du *Mantic uttaïr*, mais le dénoûment est à la fois moins hétérodoxe et plus touchant. En outre, il offre une louable et adroite critique du paradis musulman, qui semble, d'après les textes du Coran, et surtout d'après les catéchismes populaires, ne consister qu'en des plaisirs terrestres. Ainsi, par exemple, nous lisons à l'article *Jinnat-vé jahannam* « le paradis et l'enfer » du *Riçâla-i Birkévî* « Traité de Birkévi » ou « Birgilû » sur la religion musulmane [4] le plus répandu en Turquie et le plus étudié dans les écoles :

« On doit reconnaître que le paradis et l'enfer sont réels et certains, et qu'ils existent dès à présent. Que les élus une fois entrés dans le

---

[1] L'Église nous enseigne aussi que les défauts corporels n'existeront pas dans le ciel. Saint Paul a dit (I Cor. xv, 42) : *Seminatur in corruptione, surget in incorruptione*, et (I Cor. xv, 51) d'après une correction qui a été proposée et que feu S. de Sacy admettait : *Non omnes quidem resurgemus, sed omnes immutabimur*. En effet, le texte grec, édition vaticane, porte : Πάντες μὲν οὐ κοιμηθησόμεθα, πάντες δὲ ἀλλαγησόμεθα· *Omnes quidem non dormiemus, omnes autem immutabimur;* la traduction officielle anglaise porte aussi : « We shall not all sleep, but we shall all be changed, » et le contexte prouve qu'il faut entendre ainsi ce passage; car au verset suivant, saint Paul dit qu'au son de la dernière trompette, *mortui resurgent incorrupti et nos* (viventes) *immutabimur*. On trouve la même idée exprimée dans I Thess. iv, 15 et 16, et au symbole de Nicée : *Et iterum venturus est cum gloriâ judicare vivos et mortuos*.

[2] Attar veut dire par là que l'homme, quoiqu'il se voie en Dieu, ne le connaît cependant pas.

[3] Après cette conclusion viennent encore des réflexions philosophiques, et enfin un épilogue (*khâtimat ulkitâb*) de deux cent vingt-quatre vers qui ne se rapporte pas à l'allégorie qui fait le sujet du *Mantic*, mais qui est un véritable hors-d'œuvre où l'auteur parle de lui et de son poëme.

[4] Page 21 du texte imprimé à Constantinople, et p. 19 de la traduction que j'ai donnée de cet ouvrage sous le titre de : « Exposition de la foi musulmane. »

paradis y demeureront toujours sans en jamais sortir. Que là, ils ne mourront point, né vieilliront point, n'éprouveront aucune espèce de changement; qu'ils seront à l'abri des besoins de cette vie, que leurs vêtements ne s'useront point; que les houris[1] et les femmes élues seront exemptes des infirmités de leur sexe; qu'elles n'auront point d'enfants. Que les habitants du ciel auront sur-le-champ les mets et les boissons qu'ils désireront, sans avoir besoin de s'en mettre aucunement en peine. Que la terre du paradis est de musc, et que les briques de ses édifices sont l'une d'or, l'autre d'argent. »

Voici donc, en abrégé, le morceau de Mucaddéci dont j'ai parlé et qui est plein de charme dans l'original[2].

« Lorsque les oiseaux furent arrivés dans l'île de ce roi, ils y trouvèrent tout ce que l'âme peut désirer et tout ce que les yeux peuvent espérer de voir. On dit alors à ceux qui aimaient les délices de la table ces mots du Coran: *Prenez des aliments sains et légers en récompense du bien que vous avez fait sur la terre*[3]; à ceux qui avaient du goût pour la parure et pour la toilette, ces mots du même livre: *Ils seront revêtus d'étoffes précieuses et d'habits moirés, et seront placés en face les uns des autres*[4]; à ceux pour qui les plaisirs de l'amour avaient le plus d'attrait: *Nous les avons unis aux houris célestes*[5]; mais lorsque les contemplatifs s'aperçurent de ce partage: Quoi! dirent-ils, ici comme sur la terre, notre occupation sera de boire et de manger! Quand donc le dévot pourra-t-il se consacrer entièrement à l'objet de son culte? quand obtiendra-t-il l'honneur qu'appellent ses vœux brûlants?... Nous ne voulons que ce roi pour qui nous avons traversé des montagnes, franchi tant d'obstacles divers et supporté avec patience la soif ardente du midi... Nous faisons d'ailleurs peu de cas des parures et des autres agréments. Nous le jurons par Dieu même, nous ne voulons que lui, c'est lui seul que nous désirons posséder... — Qu'avez-vous apporté? leur demanda le roi. — L'humilité qui convient à tes serviteurs, lui répondirent-ils. — Retournez-vous-en, leur dit-il, Dieu n'a pas besoin de vous. — Seigneur, répliquèrent-ils, nous savons que tu n'as pas besoin de nous; mais personne parmi nous ne peut se passer de toi. Tu es l'Être excellent et nous sommes dans l'abjection; tu es tout-puissant et nous sommes la faiblesse

---

[1] Outre les *houris* ou « anges femelles », l'opinion vulgaire des musulmans place en paradis quelques animaux, tels que le renard de Jacob, le chien des Sept dormants, l'âne de Putiphar, le chameau ou plutôt la chamelle de Saleh, *Duldul* (monture de Mahomet), la baleine de Jonas, la fourmi de Salomon, le bélier d'Ismaël, la huppe de Balkaïs, le veau d'Abraham, le bœuf de Moïse, l'ânesse de Jésus-Christ. « Contes orientaux tirés des manuscrits de la Bibliothèque du Roi. » La Haye, 1743, t. I, p. 87, et ailleurs.

[2] P. 111 et suiv. du texte, et 121 et suiv. de la trad. — [3] Surate LXIX, v. 24.

[4] Sur. XVIII, 30, et LVI, 16. — [5] Sur. LII, 20.

même. Comment pourrions-nous retourner aux lieux d'où nous venons ? Nos forces sont épuisées..., notre existence elle-même est détruite. — Par ma gloire et ma dignité, dit alors le roi, puisque votre pauvreté volontaire est vraie et que votre humilité est certaine, je dois vous retirer de votre position malheureuse... Alors le Seigneur les combla de bonheur... Ils prirent leur vol avec les ailes de la familiarité, en présence de Gabriel, pour saisir le grain sans tache du chaste amour... Enfin, ils virent ce que l'œil n'a jamais vu, et ils entendirent ce que l'oreille n'a jamais entendu [1]. »

[1] Conf. Isaïe, LXIV, 4, saint Paul, I Cor. II, 9.

www.ingramcontent.com/pod-product-compliance
Lightning Source LLC
LaVergne TN
LVHW020950090426
835512LV00009B/1803